Einstern

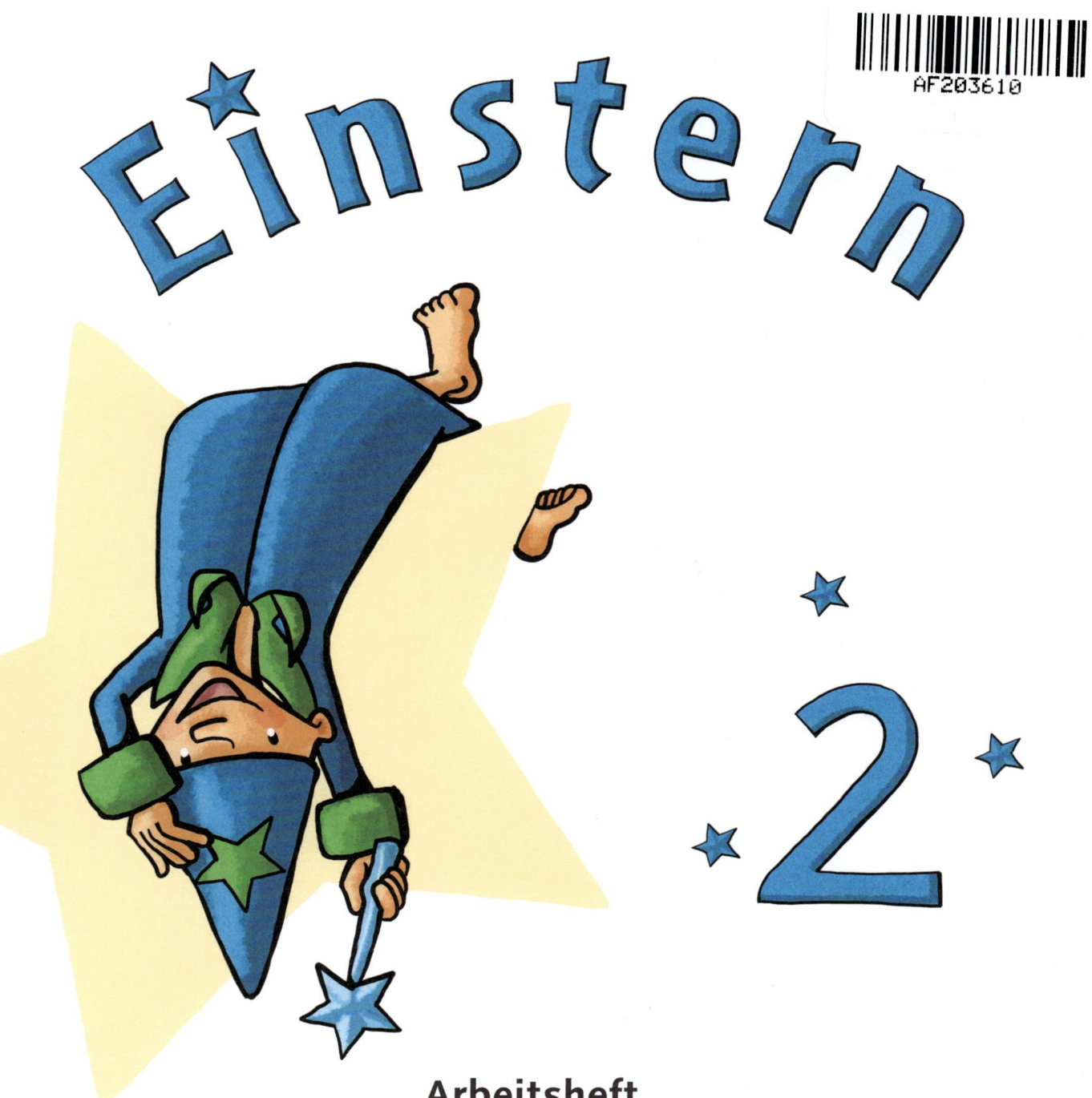

2

Arbeitsheft

Erarbeitet von Roland Bauer und Jutta Maurach

In Zusammenarbeit mit der Redaktion Mathematik Grundschule

Cornelsen

Inhaltsverzeichnis

1 Verbinde passend.

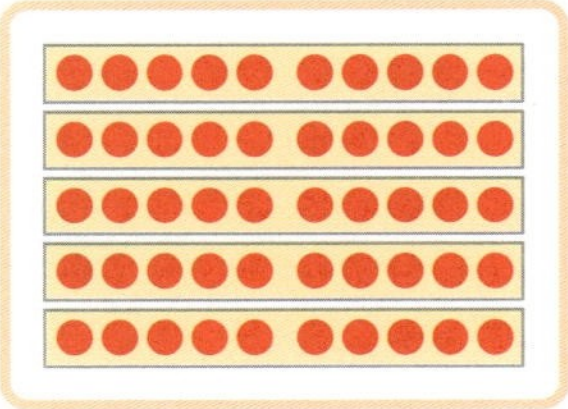

50

30

fünfzig

Z	E
3	0

70

20

60

Z	E
7	0

Z	E
4	0

40

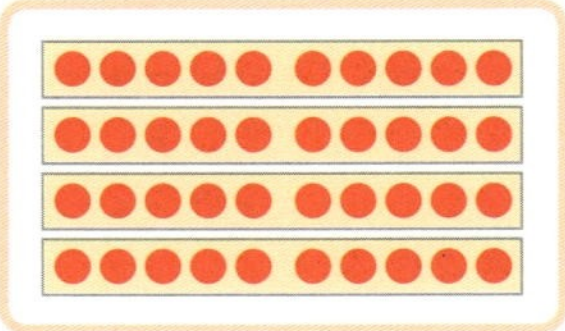

neunzig

sechzig

90

Z	E
8	0

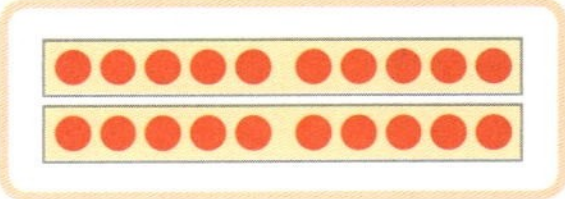

80

100

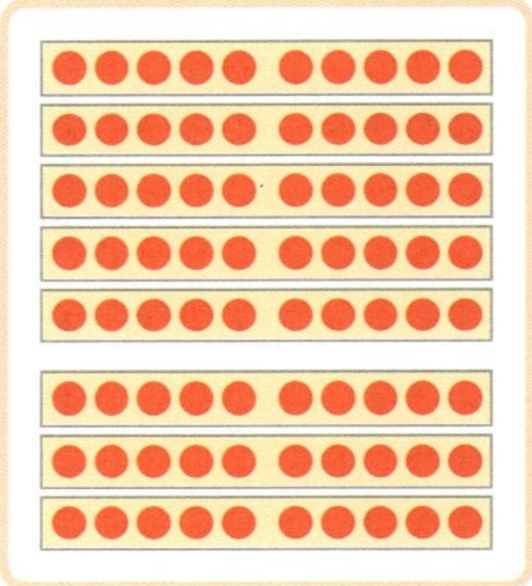

einhundert

1 Löse die Plus- und Minusaufgaben mithilfe der kleinen Aufgaben.

a) $7 + 2 = \boxed{9}$
$70 + 20 = \boxed{90}$

b) $8 - 5 = \boxed{3}$
$80 - 50 = \boxed{}$

c) $5 + 5 = \boxed{}$
$50 + 50 = \boxed{}$

d) $9 - 4 = \boxed{}$
$90 - 40 = \boxed{}$

e) $3 + 3 = \boxed{}$
$30 + 30 = \boxed{}$

f) $10 - 4 = \boxed{}$
$100 - 40 = \boxed{}$

g) $4 + \boxed{} = 9$
$40 + \boxed{} = 90$

h) $7 - \boxed{} = 5$
$70 - \boxed{} = 50$

i) $2 + \boxed{} = 4$
$20 + \boxed{} = 40$

j) $8 - \boxed{} = 2$
$80 - \boxed{} = 20$

k) $3 + \boxed{} = 7$
$30 + \boxed{} = 70$

l) $9 - \boxed{} = 4$
$90 - \boxed{} = 40$

2 Löse die Plus- und Minusaufgaben.
Finde und löse zuerst die kleinen Aufgaben.

a)  $4 + 4 = 8$
$40 + 40 = \boxed{}$

b) $80 - 30 = \boxed{}$

c) $70 + 20 = \boxed{}$

d) $90 - 60 = \boxed{}$

e) $60 + 30 = \boxed{}$

f) $70 - 30 = \boxed{}$

3 Rechne. Löse zuerst die kleinen Aufgaben im Kopf.

a) $30 + 40 = \boxed{70}$
$50 + 30 = \boxed{}$
$70 + 20 = \boxed{}$
$20 + 80 = \boxed{}$
$10 + 70 = \boxed{}$

b) $80 - 60 = \boxed{}$
$50 - 30 = \boxed{}$
$70 - 20 = \boxed{}$
$40 - 30 = \boxed{}$
$100 - 50 = \boxed{}$

c) $30 + \boxed{} = 70$
$90 - \boxed{} = 60$
$10 + \boxed{} = 60$
$70 - \boxed{} = 20$
$40 + \boxed{} = 80$

1 Bündle immer 10 und bestimme die Anzahl. Übertrage dazu die Anzahl der Zehner und Einer in die Stellentafel und bilde eine Plusaufgabe.

a)

Z	E
3	4

$$30 + 4 = 34$$

b)

Z	E

c)

Z	E

d)

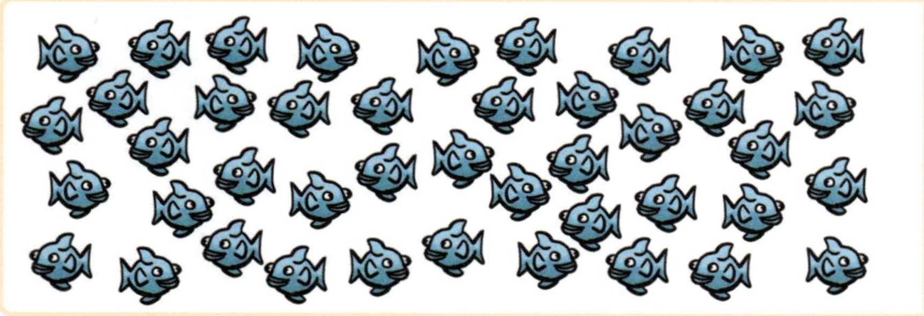

Z	E

e)

Z	E

1 Notiere in der Stellentafel.
Schreibe die passende Zahl und die passende Plusaufgabe auf.

a]

Z	E	
3	4	34

3	0	+	4	=	3	4

b]

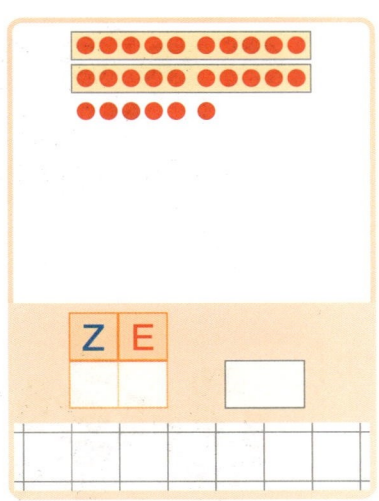

Z	E

c]

Z	E

d]

Z	E

e]

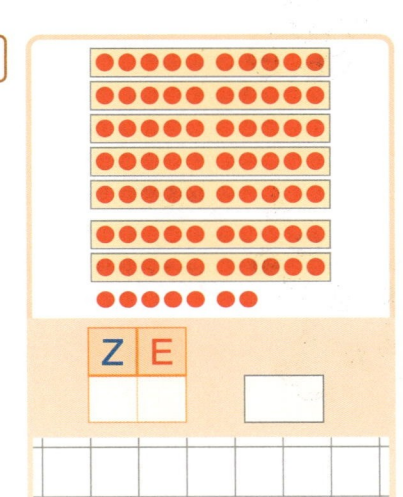

Z	E

f]

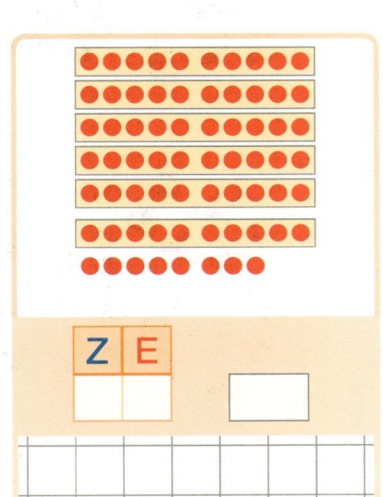

Z	E

2 Zeichne zu den Zahlen Bilder.

a]

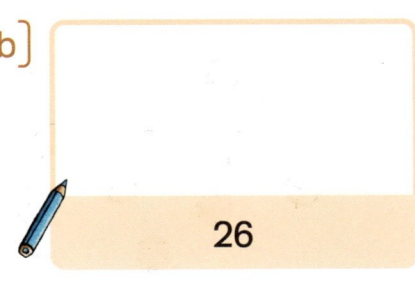

79

b]

26

c]

63

d]

e]

f]

1 Schätze zunächst die Anzahl.
Zähle anschließend. Erstelle dazu eine Strichliste.

a]

geschätzt: ☐ Euro

gezählt: ‖‖‖

Z	E

Es sind ☐ Euro.

b]

geschätzt: ☐ Gummibärchen

gezählt: _____

Z	E

Es sind ☐ Gummibärchen.

c]

geschätzt: ☐ Nägel

gezählt: _____

Z	E

Es sind ☐ Nägel.

2 Zähle die Perlen geschickt. Fasse dabei immer 10 zusammen.

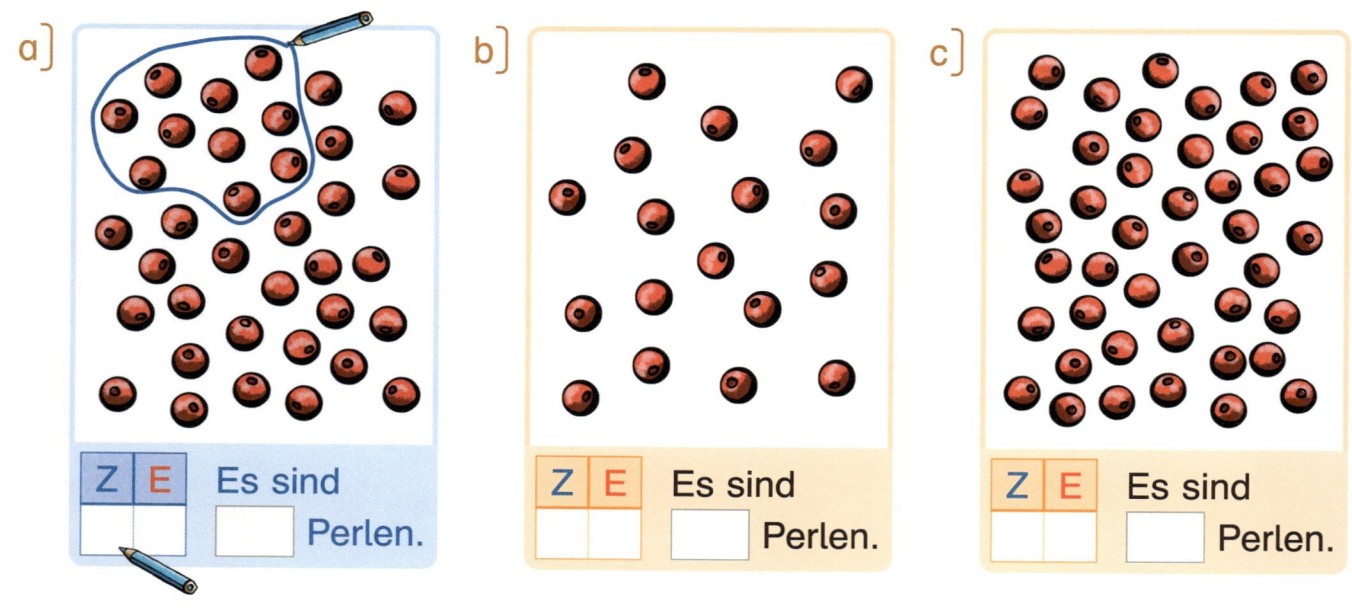

a]

Z	E

Es sind ☐ Perlen.

b]

Z	E

Es sind ☐ Perlen.

c]

Z	E

Es sind ☐ Perlen.

1 Setze die Muster fort.

a Flächenmuster

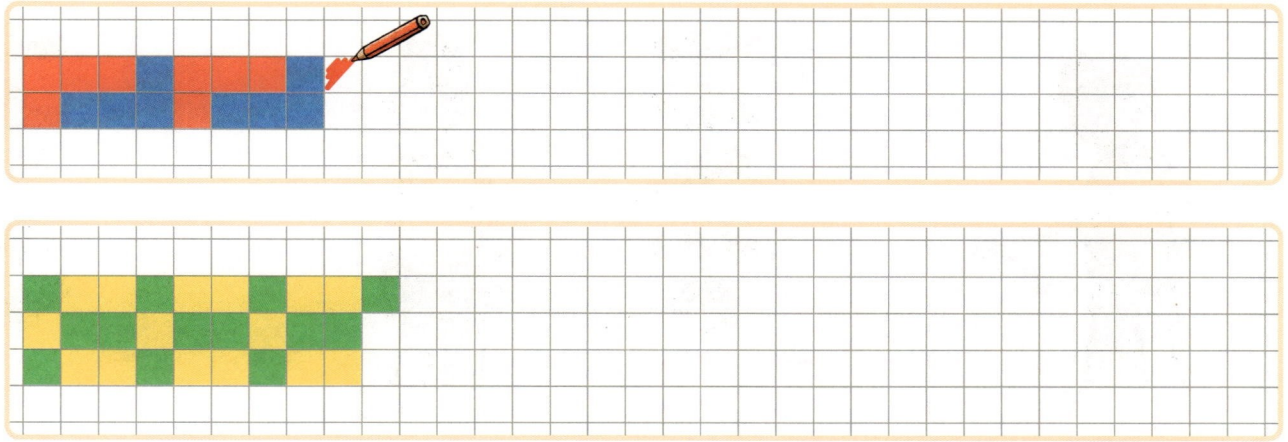

b Strichmuster

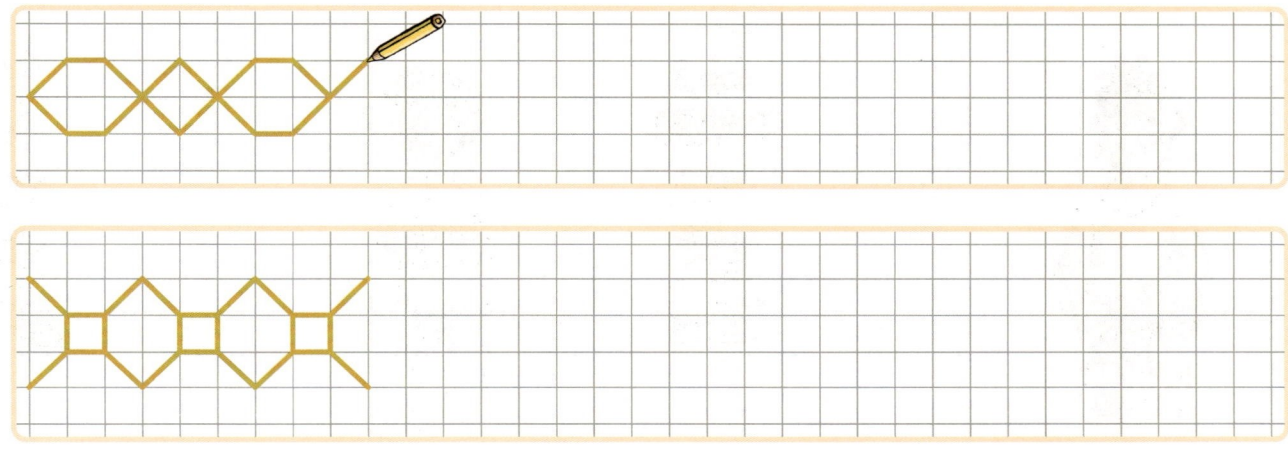

2 Zeichne eigene Muster.

a Flächenmuster

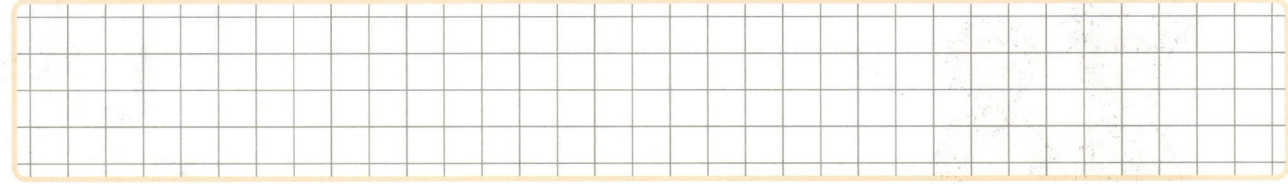

b Strichmuster

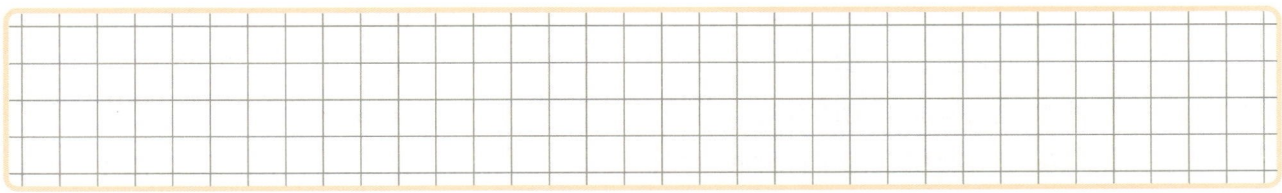

1 Zeichne die Wege nach den Vorgaben der Pfeile ein.
Beginne immer beim roten Punkt.

a)

b)

2 Übertrage die eingezeichneten Wege in Pfeile.

a)

b)

3 Zeichne den Weg zum Schloss nach den Vorgaben ein.
Beginne am roten Punkt links.

1. 6 Kästchen nach rechts	5. 5 Kästchen nach rechts
2. 2 Kästchen nach unten	6. 3 Kästchen nach oben
3. 3 Kästchen nach links	7. 2 Kästchen nach rechts
4. 1 Kästchen nach unten	8. 1 Kästchen nach unten

1 Trage die fehlenden Zahlen ein.

a)

1	2	3	4	5	6		8	9	10
	12		14	15		17	18		20
	22			25		27		29	
31		33		35	36			39	40
41	42			45		47			50
		53			56		58		60
61			64			67		69	
	72			75			78		
81			84		86		88		90
	92			95			98		

b)

			6
14			
	25		
			37
	45		
		56	
64		66	
			86
			96

c)

		9	
27	28		

d)

	66		
75			

e)

36	37		
46			

f)

			39

g)

13			
			36

h)

		56	
	75		

i)

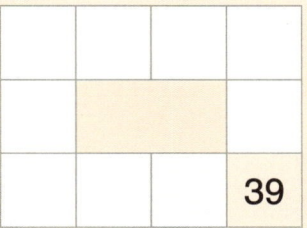

| 78 |

j)

11				
			25	
				39

1 Trage die Zahlen mit einem Pfeil am Zahlenstrahl ein.

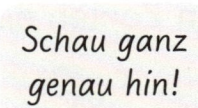

Schau ganz genau hin!

a) 36, 45, 54, 87, 63, 78, 22

b) 82, 91, 43, 57, 75, 26, 64

2 Trage die richtigen Zahlen ein.

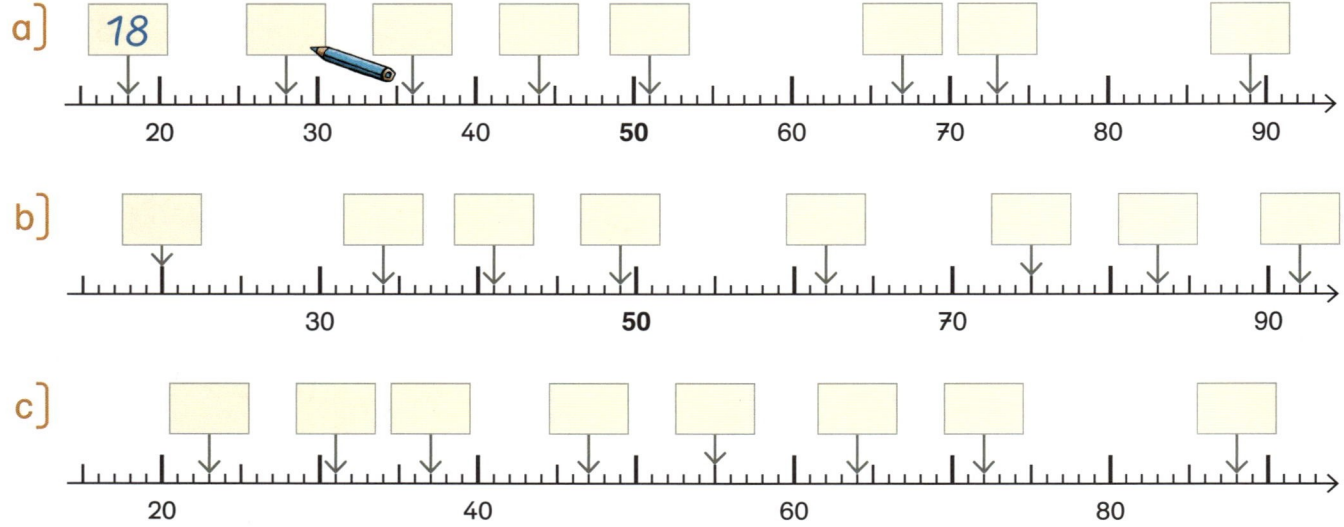

3 Überlege, welche Zahlen markiert sind. Trage sie ein.

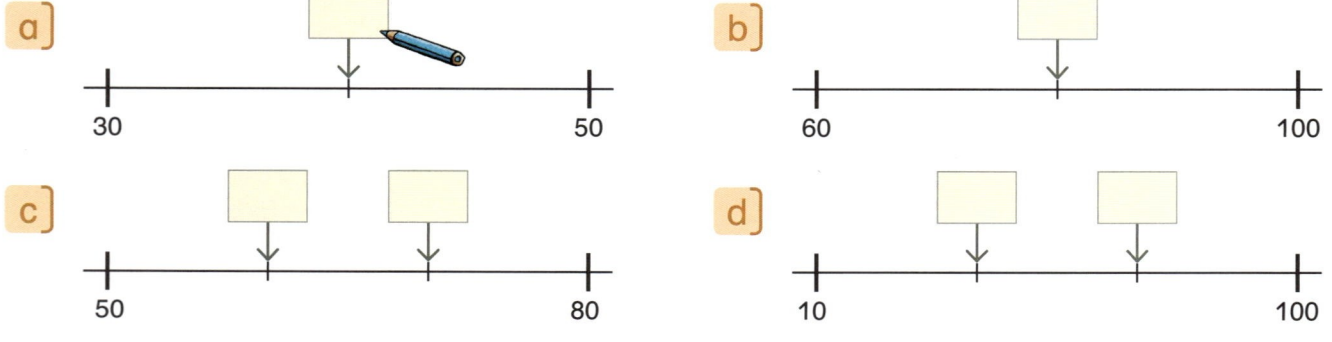

1 Ergänze die Zahlenfolgen.

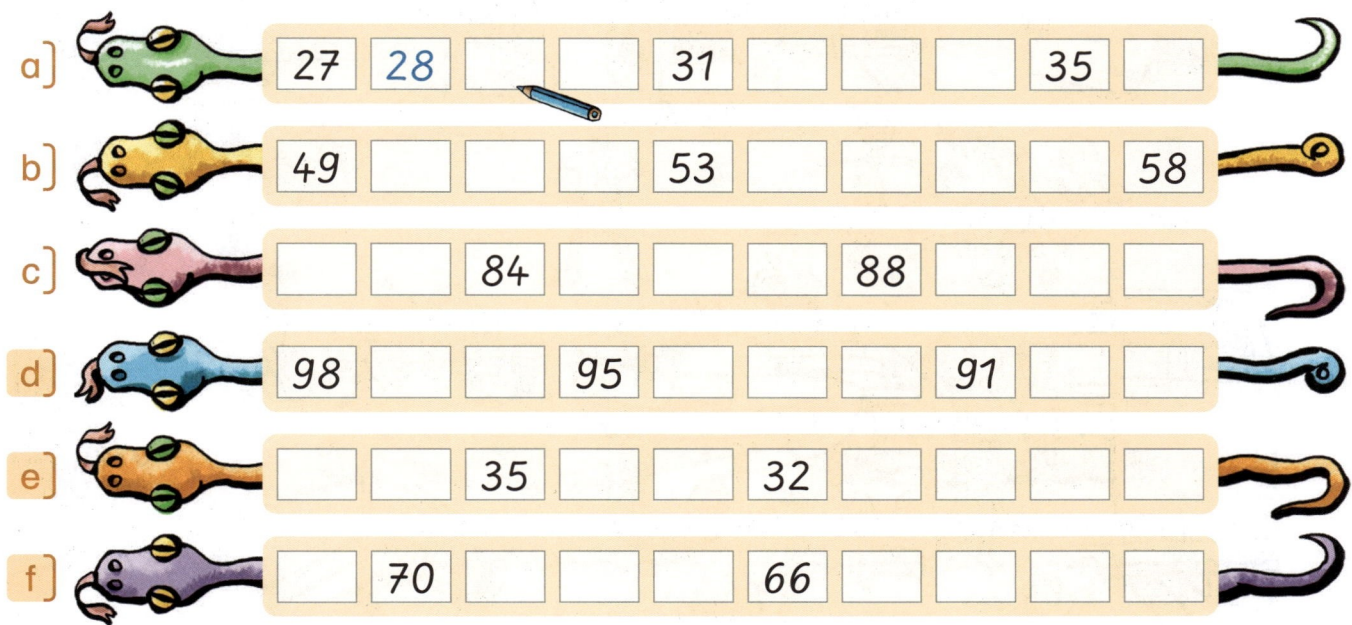

a) 27 | 28 | | | 31 | | | | 35 |

b) 49 | | | | 53 | | | | | 58

c) | | 84 | | | | 88 | | | |

d) 98 | | | 95 | | | | 91 | | |

e) | | 35 | | | 32 | | | | |

f) | 70 | | | | 66 | | | | |

2 Setze die Zeichen <, > oder = passend ein.

a) 43 < 54

57 ◯ 48

25 ◯ 52

b) 47 ◯ 36

83 ◯ 91

38 ◯ 38

c) 76 ◯ 78

19 ◯ 19

54 ◯ 45

d) 92 ◯ 90

28 ◯ 42

63 ◯ 37

3 Ordne die Zahlen. Die Buchstaben ergeben ein Lösungswort.

a) Beginne mit der kleinsten Zahl.

56	45	74	49	58	75	64
R	G	F	I	A	E	F

45						
G						

15	22	20	18	23	25	17
E	A	F	E	N	T	L

b) Beginne mit der größten Zahl.

86	60	94	48	88	68	58
S	O	N	N	A	H	R

94						
N						

67	77	75	65	73	64	63
G	K	Ä	U	N	R	U

1 Kreuze an und finde selbst passende Aussagen.

Aussage	stimmt	stimmt nicht	kann ich nicht wissen
Vor dem Eisstand stehen 3 Kinder.	✗		
Lisa isst am liebsten Erdbeereis.			
Tim muss 1 € bezahlen.			
Am Samstag öffnet das Freibad um 10 Uhr.			
Lisa bleibt 4 Stunden im Freibad.			
Im Nichtschwimmerbecken sind 5 Kinder.			
Am Beckenrand sitzen 2 Kinder.			
Der Bademeister ist 41 Jahre alt.			
_____	✗		
_____		✗	
_____			✗

> Ich habe die Kinder der Klasse 1a gefragt, welche Haustiere sie haben.

> Ich habe die Kinder der Klasse 2a gefragt, welche Haustiere sie haben.

Klasse 1a	
Hund	⊞
Katze	⊞ I
Hamster	III
Meerschweinchen	II
Vogel	I
kein Haustier	⊞ ⊞ II

Klasse 2a	
Hund	⊞ I
Katze	III
Hamster	I
Meerschweinchen	III
Vogel	II
kein Haustier	⊞ ⊞

1 Stelle die Informationen in der Tabelle dar.

a) Trage die Umfrageergebnisse in die Tabelle ein.
Fülle die Spalten für die Klassen 1a und 2a aus.

Haustier	Klasse 1a	Klasse 2a	gesamt
Hund	5		
Katze			
Hamster			
Meerschweinchen			
Vogel			
kein Haustier			

b) Berechne die fehlenden Zahlen für die Spalte „gesamt" und trage sie ein.

2 Die Tabelle enthält viele Informationen.
Schreibe in Sätzen auf, was du ablesen kannst.

Insgesamt haben 11 Kinder einen Hund.

Meine Klasse

Ich gehe in die Klasse 2 a. Wir sind 13 Mädchen und 14 Jungen.

Zusammen sind wir 27 Kinder. Unsere Lehrerin heißt Frau Müller.

Jeden Vormittag haben wir 2 Pausen. In der 1. Pause essen wir.

In der 2. Pause spielen wir auf dem Schulhof. Die Schulhofpause

dauert 20 Minuten. Das Lieblingsfach der meisten Kinder ist Sport.

Mir gefallen die Kopfrechenspiele in Mathematik.

Im Klassenzimmer sitzen immer 4 Kinder an einem Gruppentisch.

Mein Tischnachbar heißt Paul. Gegenüber von uns sitzen 2 Mädchen.

Die beiden holen für die Lehrerin jede Woche 10 Bücher

aus der Bücherei.

Tim

1 Ergänze die Aussagen. Unterstreiche im Text die Sätze, in denen du die Informationen findest. Verwende ein Lineal.

a In Tims Klasse sind 27 Kinder.

b Immer ☐ Kinder sitzen an einem Gruppentisch zusammen.

c In der ☐ Pause spielen die Kinder auf dem Schulhof.

d In der Klasse 2 a sind ☐ Jungen.

e Zwei Mädchen holen jede Woche ☐ Bücher aus der Bücherei.

f In der ☐ Pause essen die Kinder.

g Die Schulhofpause dauert ☐ Minuten.

h Gegenüber von Tim sitzen ☐ Mädchen.

i Jeden Vormittag haben die Kinder ☐ Pausen.

j Tims Tischnachbar heißt _____ .

1 In der Sonnen-Schule gibt es zwei erste und zwei zweite Klassen. Für die Klassen 1a und 1b ist die Schülerzahl in einem Balkendiagramm dargestellt.

Klasse	Schülerzahl
1 a	22
1 b	20
2 a	22
2 b	23

a) Ergänze das Balkendiagramm für die beiden zweiten Klassen. Zeichne für jedes Kind ein ×.

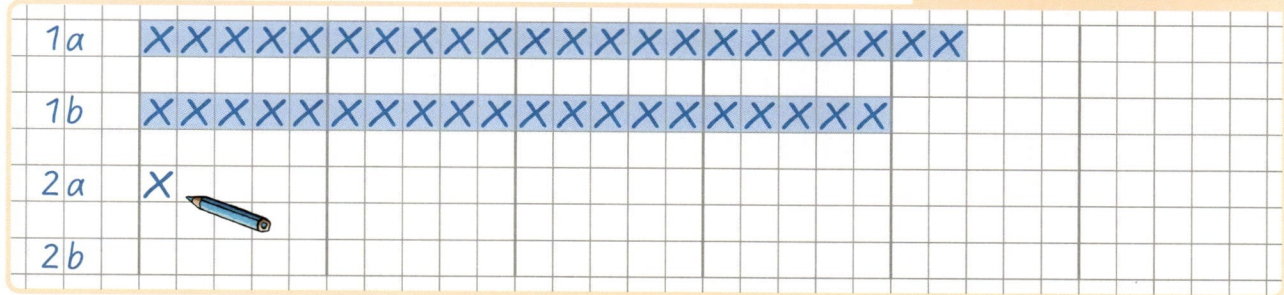

b) Ergänze die Aussagen.

In der Klasse 1a sind ☐ Kinder. In der Klasse 2a sind ☐ Kinder.

Die meisten Kinder sind in der Klasse ____ .

Die wenigsten Kinder sind in der Klasse ____ .

2 Für die Klasse 2a ist das Alter der Kinder in einem Säulendiagramm dargestellt.

	2 a	2 b
6 Jahre	2	2
7 Jahre	12	13
8 Jahre	7	6
9 Jahre	1	2

a) Ergänze das Säulendiagramm für die Klasse 2b.

b) Ergänze die Aussagen.

In den Klassen 2a und 2b sind die meisten Kinder ☐ Jahre alt.

In der Klasse 2a sind weniger Kinder ☐ Jahre als ☐ Jahre alt.

In der Klasse 2b gibt es genauso viele Kinder, die ☐ Jahre alt sind wie Kinder, die ☐ Jahre alt sind.

1 Zeichne die Symmetrieachsen ein. Benutze ein Lineal.

a) eine Symmetrieachse

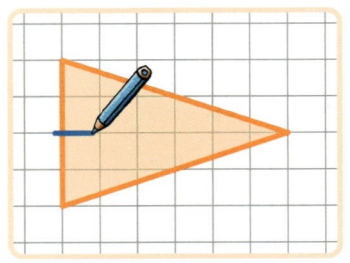 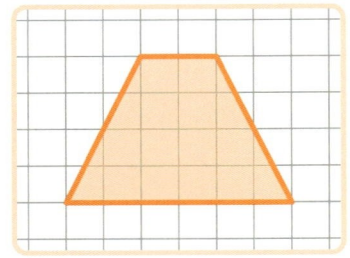 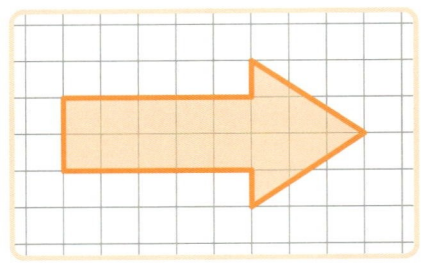

b) zwei Symmetrieachsen

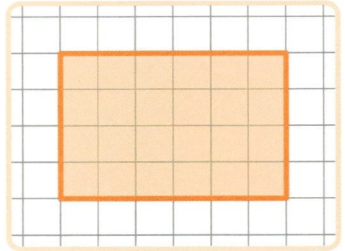 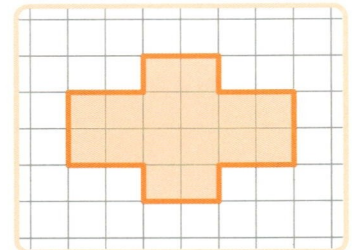 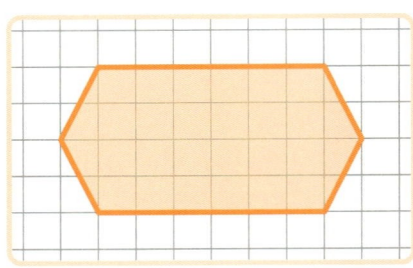

c) mehr als zwei Symmetrieachsen

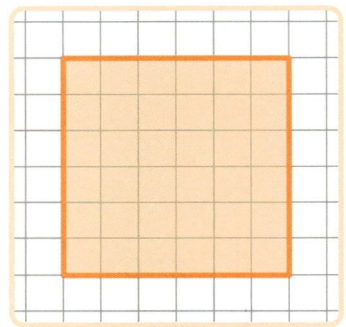 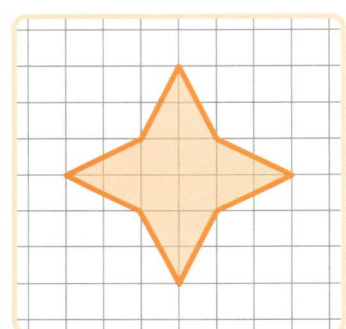 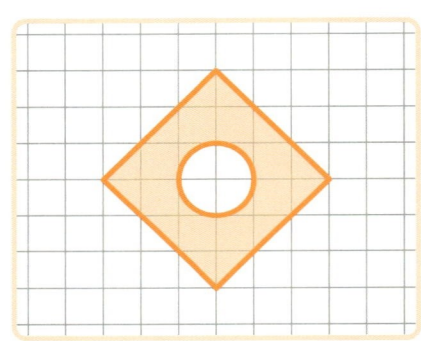

2 Denke dir jeweils eine symmetrische Figur aus. Zeichne sie.
Zeichne jeweils die Symmetrieachsen ein.

a) Die Figur soll eine
Symmetrieachse haben.

b) Die Figur soll zwei
Symmetrieachsen haben.

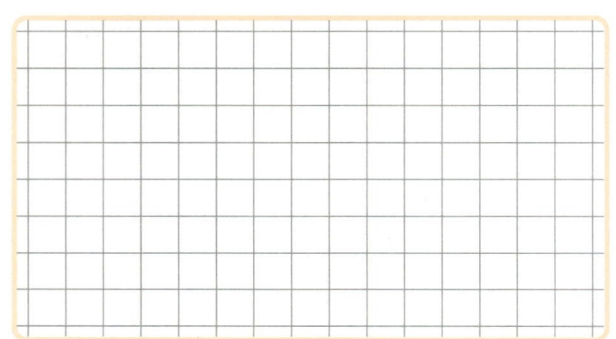 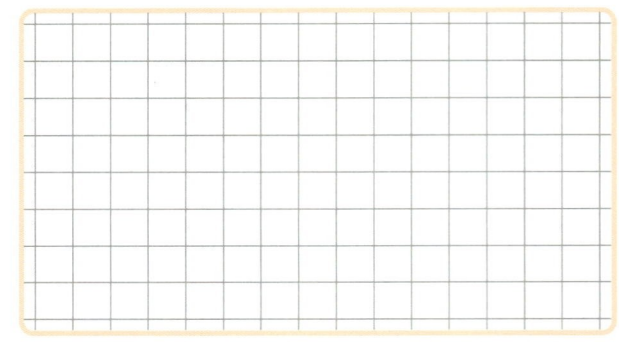

1 Ergänze die Figuren symmetrisch.

a)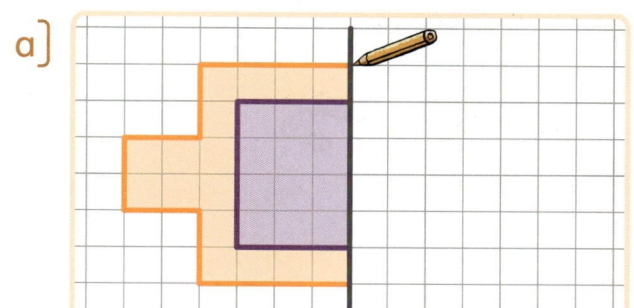

b)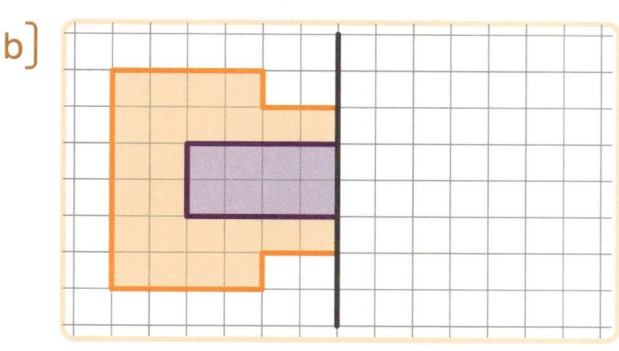

c)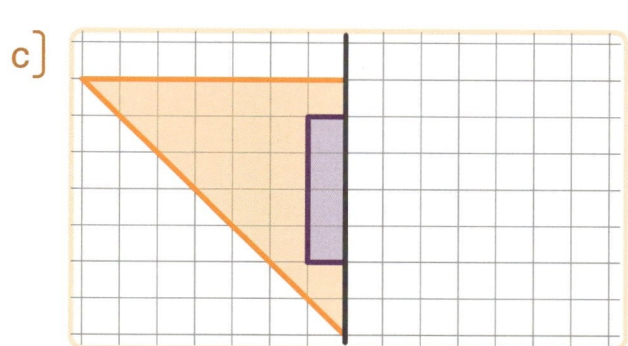

d)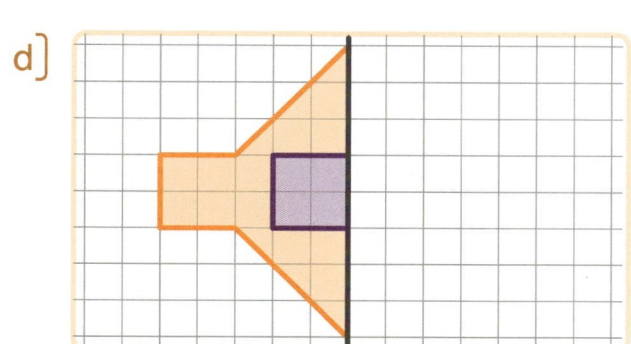

2 Ergänze die Figuren symmetrisch.

a)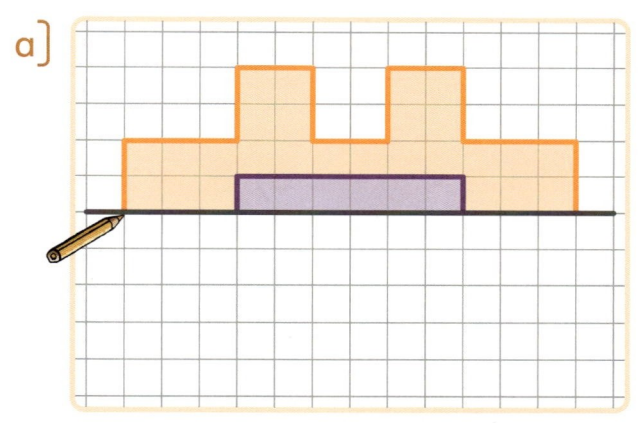

b)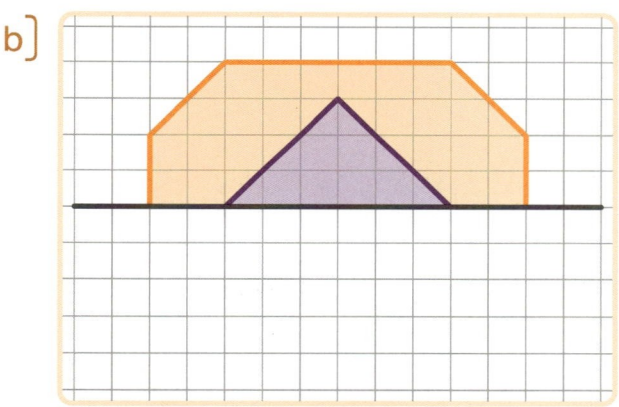

3 Ergänze die Figuren symmetrisch.

a)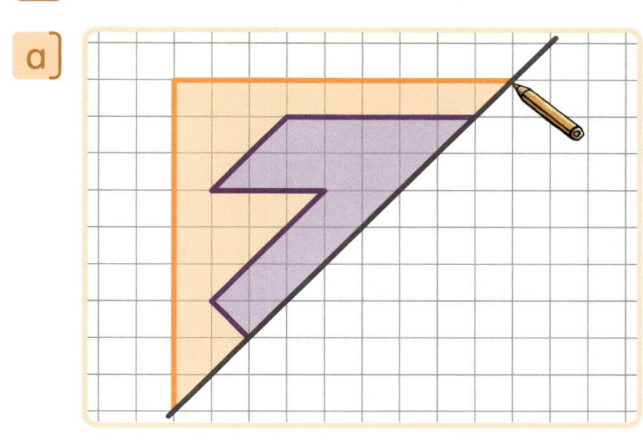

b)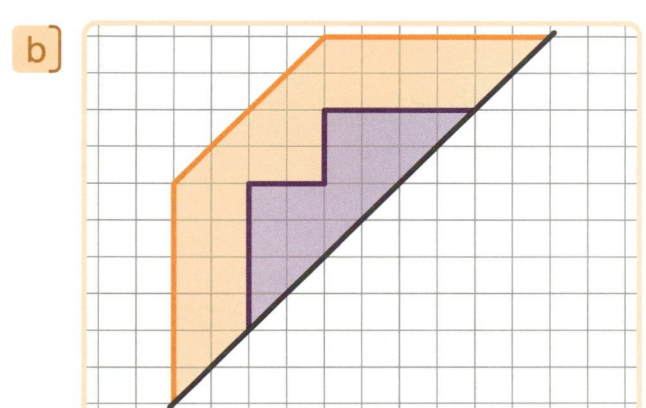

1 Berechne zuerst die kleine Aufgabe im Kopf.
Löse dann die Aufgabe.
Male die Felder mit den Ergebniszahlen aus.

1	2	3	4	5	6	7	8	9	10
11	12	13	14	15	16	17	18	19	20
21	22	23	24	25	26	27	28	29	30
31	32	33	34	35	36	37	38	39	40
41	42	43	44	45	46	47	48	49	50
51	52	53	54	55	56	57	58	59	60
61	62	63	64	65	66	67	68	69	70
71	72	73	74	75	76	77	78	79	80
81	82	83	84	85	86	87	88	89	90
91	92	93	94	95	96	97	98	99	100

a) 3 + 3 = 6
22 + 4 =
51 + 5 =
84 + 3 =
76 + 2 =

b) 50 + 3 =
50 + 1 =
11 + 5 =
82 + 3 =
55 + 4 =

c) 34 + 2 =
71 + 2 =
12 + 5 =
50 + 5 =
53 + 4 =

d) 60 + 2 =
57 + 3 =
36 + 2 =
11 + 3 =
52 + 2 =

e) 41 + 5 =
54 + 4 =
32 + 7 =
22 + 6 =
67 + 2 =

f) 81 + 5 =
51 + 1 =
23 + 4 =
33 + 4 =
2 + 5 =

g) 11 + 4 =
22 + 2 =
31 + 3 =
20 + 5 =
33 + 2 =

h) 2 + 3 =
32 + 1 =
81 + 3 =
21 + 2 =
30 + 2 =

1 Berechne zuerst die kleine Aufgabe im Kopf.
Löse dann die Aufgabe.
Male die Felder mit den Ergebniszahlen aus.

1	2	3	4	5	6	7	8	9	10
11	12	13	14	15	16	17	18	19	20
21	22	23	24	25	26	27	28	29	30
31	32	33	34	35	36	37	38	39	40
41	42	43	44	45	46	47	48	49	50
51	52	53	54	55	56	57	58	59	60
61	62	63	64	65	66	67	68	69	70
71	72	73	74	75	76	77	78	79	80
81	82	83	84	85	86	87	88	89	90
91	92	93	94	95	96	97	98	99	100

a) $29 - 8 = \boxed{21}$ b) $77 - 4 = \square$ c) $59 - 4 = \square$ d) $48 - 5 = \square$

$49 - 4 = \square$ $29 - 6 = \square$ $50 - 3 = \square$ $60 - 2 = \square$

$57 - 3 = \square$ $58 - 2 = \square$ $18 - 5 = \square$ $40 - 1 = \square$

e) $38 - 5 = \square$ f) $49 - 1 = \square$ g) $29 - 7 = \square$ h) $49 - 3 = \square$

$59 - 2 = \square$ $56 - 3 = \square$ $48 - 4 = \square$ $70 - 2 = \square$

$80 - 2 = \square$ $68 - 5 = \square$ $50 - 1 = \square$ $18 - 6 = \square$

2 Finde zu jeder Ergebniszahl zwei verschiedene Minusaufgaben.

a) $\boxed{70} - \boxed{8} = 62$ b) $\square - \square = 81$ c) $\square - \square = 54$

$\square - \square = 62$ $\square - \square = 81$ $\square - \square = 54$

1 Kreuze die zur Rechnung (R) passende Frage (F) und die Antwort (A) an.

a In der Klasse 2a sind 24 Kinder.
In der Klasse 2b sind 4 Kinder mehr.

R: 24 + 4 = 28

F: Wie viele Kinder sind ⃝
in beiden Klassen zusammen?

F: Wie viele Kinder sind ⊗
in der Klasse 2b?

A: In der Klasse 2b ⊗
sind 28 Kinder.

A: In der Klasse 2a ⃝
sind 24 Kinder.

b Von den 24 Kindern der Klasse 2a
sind in der Pause 4 Kinder auf dem Klettergerüst,
5 Kinder turnen am Reck und die anderen spielen Ball.

R: 24 − 4 − 5 = 15

F: Wie viele Kinder ⃝
spielen Ball?

F: Wie viele Kinder ⃝
turnen am Reck?

A: 5 Kinder turnen ⃝
am Reck.

A: 15 Kinder ⃝
spielen Ball.

c Von den 28 Kindern der Klasse 2b
können 8 Kinder schon schwimmen.
Die anderen Kinder können noch nicht schwimmen.

R: 28 − 8 = 20

F: Wie viele Kinder gehen ⃝
zum Schwimmen?

F: Wie viele Kinder können ⃝
noch nicht schwimmen?

A: 20 Kinder können noch ⃝
nicht schwimmen.

A: 28 Kinder gehen ⃝
zum Schwimmen.

Mit verwandten Plusaufgaben rechnen

1   Verbinde immer die drei Kärtchen mit verwandten Aufgaben.
    Löse dann die Aufgaben

8 + 7 = 15   45 + 6 =   78 + 7 =

5 + 6 =   38 + 7 =   87 + 5 =

7 + 5 =   68 + 9 =   65 + 6 =

6 + 8 =   57 + 5 =   88 + 9 =

8 + 9 =   29 + 3 =   64 + 7 =

9 + 3 =   36 + 8 =   79 + 3 =

4 + 7 =   44 + 7 =   56 + 8 =

2   Finde zu jeder kleinen Aufgabe
    ein oder zwei verwandte Aufgaben.
    Löse sie.

48 + 6 = 54
78 + 6 = 84
oder ...

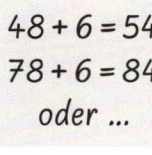

a)   8 + 6 = 14
     48 + 6 = 54
     78 + 6 =

b)   6 + 5 =
     26 + 5 =
     ☐ + ☐ = ☐

c)   5 + 7 =
     35 + 7 =
     ☐ + ☐ = ☐

d)   4 + 9 =
     24 + 9 =
     ☐ + ☐ = ☐

e)   3 + 8 =
     43 + 8 =
     ☐ + ☐ = ☐

f)   9 + 4 =
     ☐ + ☐ = ☐
     ☐ + ☐ = ☐

g)   7 + 6 =
     ☐ + ☐ = ☐
     ☐ + ☐ = ☐

h)   2 + 9 =
     ☐ + ☐ = ☐
     ☐ + ☐ = ☐

Plusaufgaben mit Zehnerüberschreitung

3 Plusaufgaben üben

1 Finde und berechne zuerst die kleine Aufgabe. Löse dann die Aufgabe.

a) $\boxed{6} + \boxed{6} = \boxed{12}$

36 + 6 = ☐

b) ☐ + ☐ = ☐

57 + 7 = ☐

c) ☐ + ☐ = ☐

34 + 9 = ☐

d) ☐ + ☐ = ☐

69 + 8 = ☐

e) ☐ + ☐ = ☐

67 + 6 = ☐

f) ☐ + ☐ = ☐

58 + 5 = ☐

g) ☐ + ☐ = ☐

78 + 4 = ☐

h) ☐ + ☐ = ☐

46 + 8 = ☐

i) ☐ + ☐ = ☐

85 + 9 = ☐

2 Finde einen passenden Rechenweg. Schreibe ihn auf.

a) 28 + 4 = ☐

$\boxed{28} \oplus \boxed{2} = \boxed{30}$

$\boxed{30} \oplus \boxed{2} = \boxed{}$

b) 65 + 8 = ☐

☐ ○ ☐ = ☐

☐ ○ ☐ = ☐

c) 43 + 9 = ☐

☐ ○ ☐ = ☐

☐ ○ ☐ = ☐

d) 54 + 7 = ☐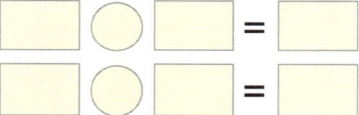

☐ ○ ☐ = ☐

☐ ○ ☐ = ☐

e) 63 + 9 = ☐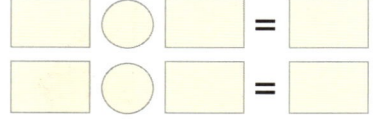

☐ ○ ☐ = ☐

☐ ○ ☐ = ☐

f) 27 + 5 = ☐

☐ ○ ☐ = ☐

☐ ○ ☐ = ☐

g) 78 + 6 = ☐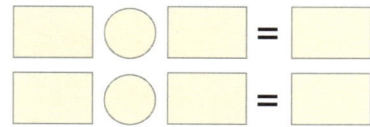

☐ ○ ☐ = ☐

☐ ○ ☐ = ☐

h) 36 + 8 = ☐

☐ ○ ☐ = ☐

☐ ○ ☐ = ☐

i) 85 + 7 = ☐

☐ ○ ☐ = ☐

☐ ○ ☐ = ☐

3 Rechne in Tabellen.

a)

+	9	6	8	5	7
27	36				
68					
45					
89					

b)

+		4	8	7	
57	63				
36					45
19					
78					

Plusaufgaben mit Zehnerüberschreitung

1 Die Kinder haben das Bauwerk gezeichnet.
Beschrifte, wer wo gesessen hat.

Meral

Meral   Ole   Lena   Janek

2 Zeichne die Ansichten, die die Kinder sehen.

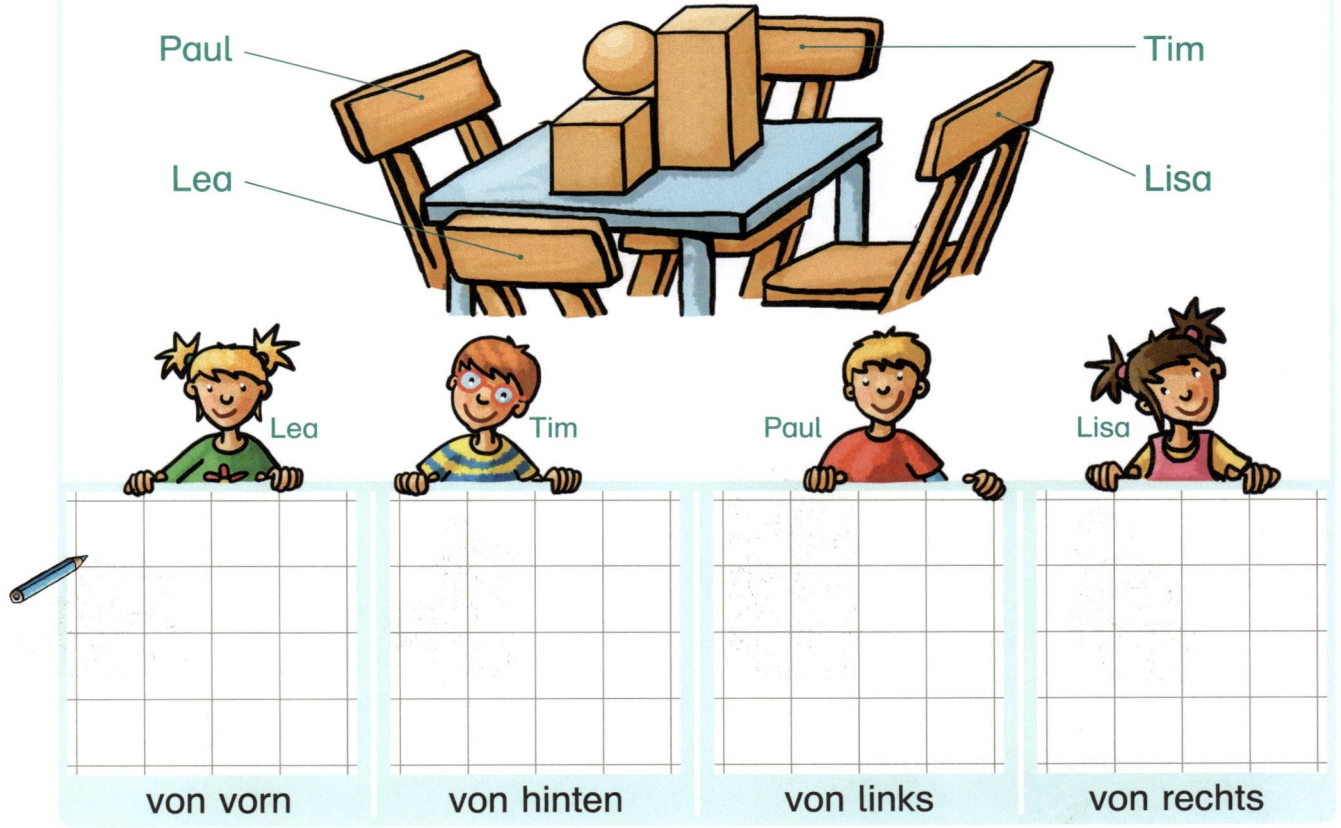

Paul   Tim

Lea   Lisa

Lea   Tim   Paul   Lisa

von vorn   von hinten   von links   von rechts

1 Bestimme die Anzahl der Einzelwürfel.

a)
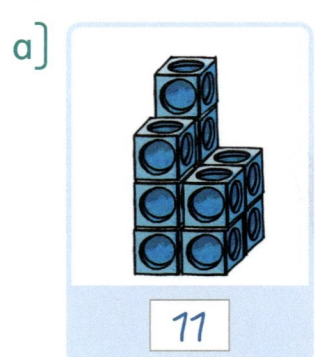
11

b)

c)

d)

2 Ordne jedem Bauwerk den passenden Bauplan zu.

A
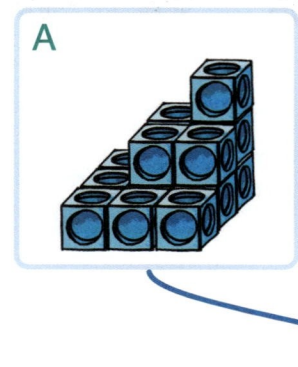

B
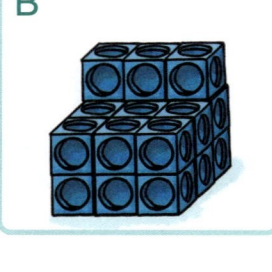

C
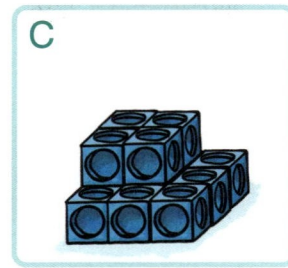

D
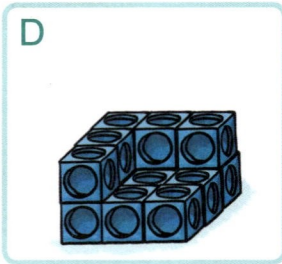

1	3	3	3
	2	2	2
	2	2	2

2	1	2	3
	1	2	2
	1	1	1

3	2	2	2
	2	1	1
	2	1	1

4	2	2	1
	2	2	1
	1	1	1

3 Schreibe die passenden Baupläne.

a)
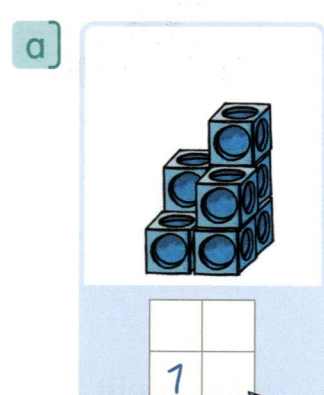

1

b)

c)

d)
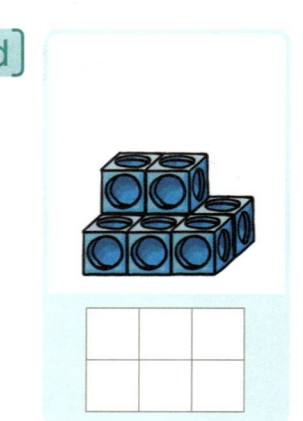

1 Verbinde immer die drei Kärtchen mit verwandten Aufgaben.
Löse dann die Aufgaben

13 – 6 = 7	43 – 6 = ☐	74 – 8 = ☐
15 – 6 = ☐	54 – 8 = ☐	93 – 6 = ☐
14 – 8 = ☐	35 – 6 = ☐	62 – 7 = ☐
12 – 7 = ☐	42 – 7 = ☐	75 – 6 = ☐
18 – 9 = ☐	26 – 8 = ☐	88 – 9 = ☐
11 – 4 = ☐	68 – 9 = ☐	96 – 8 = ☐
16 – 8 = ☐	31 – 4 = ☐	51 – 4 = ☐

2 Finde zu jeder kleinen Aufgabe
ein oder zwei verwandte Aufgaben.
Löse sie.

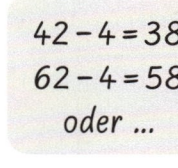

42 – 4 = 38
62 – 4 = 58
oder ...

a] 12 – 4 = 8
42 – 4 = 38
62 – 4 = ☐

b] 15 – 7 = ☐
25 – 7 = ☐
☐ – ☐ = ☐

c] 16 – 9 = ☐
36 – 9 = ☐
☐ – ☐ = ☐

d] 11 – 5 = ☐
21 – 5 = ☐
☐ – ☐ = ☐

e] 12 – 6 = ☐
42 – 6 = ☐
☐ – ☐ = ☐

f] 13 – 8 = ☐
☐ – ☐ = ☐
☐ – ☐ = ☐

g] 11 – 3 = ☐
☐ – ☐ = ☐
☐ – ☐ = ☐

h] 14 – 7 = ☐
☐ – ☐ = ☐
☐ – ☐ = ☐

Minusaufgaben mit Zehnerüberschreitung

1 Finde und berechne zuerst die kleine Aufgabe. Löse dann die Aufgabe.

a) 14 − 6 = 8
34 − 6 = ☐

b) ☐ − ☐ = ☐
41 − 7 = ☐

c) ☐ − ☐ = ☐
62 − 9 = ☐

d) ☐ − ☐ = ☐
44 − 8 = ☐

e) ☐ − ☐ = ☐
93 − 6 = ☐

f) ☐ − ☐ = ☐
74 − 5 = ☐

g) ☐ − ☐ = ☐
61 − 4 = ☐

h) ☐ − ☐ = ☐
44 − 8 = ☐

i) ☐ − ☐ = ☐
56 − 9 = ☐

2 Finde einen passenden Rechenweg. Schreibe ihn auf.

a) 93 − 4 = ☐
93 ⊖ 3 = 90
90 ⊖ 1 = ☐

b) 38 − 9 = ☐
☐ ◯ ☐ = ☐
☐ ◯ ☐ = ☐

c) 22 − 8 = ☐
☐ ◯ ☐ = ☐
☐ ◯ ☐ = ☐

d) 54 − 7 = ☐
☐ ◯ ☐ = ☐
☐ ◯ ☐ = ☐

e) 71 − 8 = ☐
☐ ◯ ☐ = ☐
☐ ◯ ☐ = ☐

f) 84 − 5 = ☐
☐ ◯ ☐ = ☐
☐ ◯ ☐ = ☐

g) 43 − 9 = ☐
☐ ◯ ☐ = ☐
☐ ◯ ☐ = ☐

h) 94 − 6 = ☐
☐ ◯ ☐ = ☐
☐ ◯ ☐ = ☐

i) 62 − 5 = ☐
☐ ◯ ☐ = ☐
☐ ◯ ☐ = ☐

3 Rechne in Tabellen.

a)

−	3	5	7	8	9
31	28				
43					
75					
92					

b)

−		2	4	7	
52	46				
84					75
46					
61					

Minusaufgaben mit Zehnerüberschreitung

1 Zeichne den Minutenzeiger ein.

a]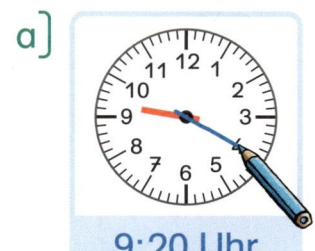
9:20 Uhr

b]
14:35 Uhr

c]
18:05 Uhr

d]
6:40 Uhr

e]
15:45 Uhr

f]
12:25 Uhr

g]
1:15 Uhr

h]
23:10 Uhr

2 Zeichne den Stundenzeiger und den Minutenzeiger ein.

a]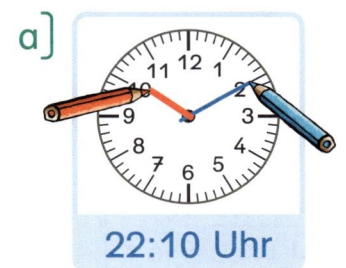
22:10 Uhr

b]
15:35 Uhr

c]
6:45 Uhr

d]
1:20 Uhr

e]
8:25 Uhr

f]
9:05 Uhr

g]
17:40 Uhr

h]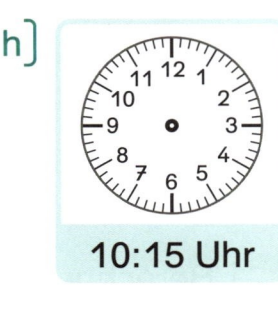
10:15 Uhr

i]
22:34 Uhr

j]
12:22 Uhr

k]
10:03 Uhr

l]
21:12 Uhr

1 Trage die richtige Zeigerstellung ein.
Lies die Uhrzeit für beide Tageshälften ab.

a]

7:00 Uhr   10:00 Uhr
oder   oder

19:00 Uhr

b]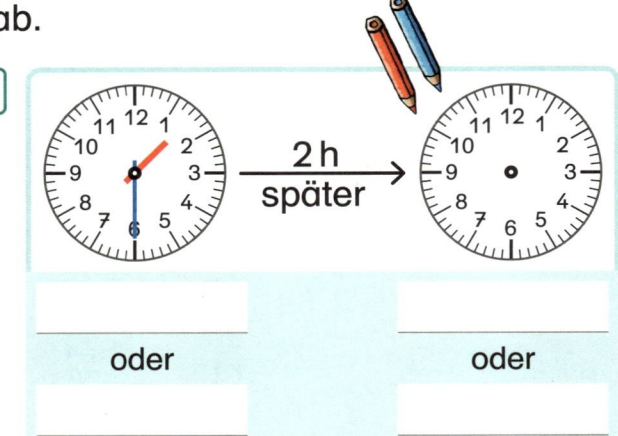

_____   _____
oder   oder
_____   _____

c]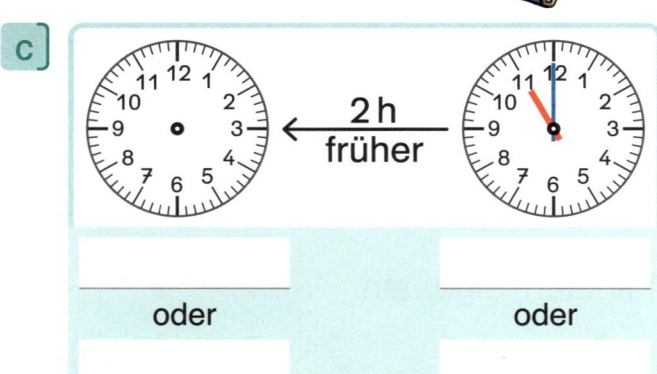

_____   _____
oder   oder
_____   _____

d]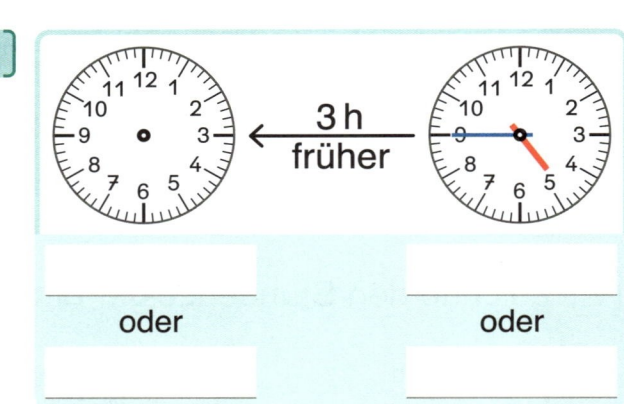

_____   _____
oder   oder
_____   _____

e]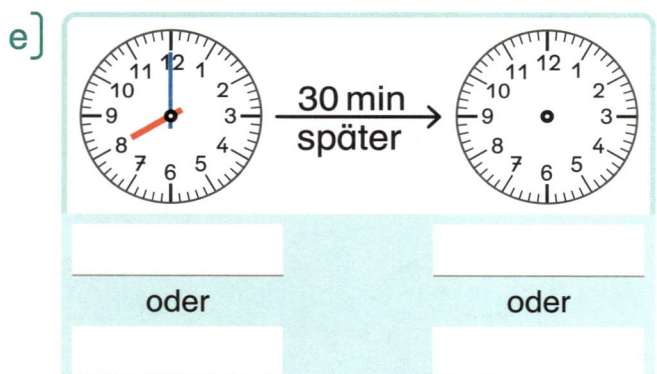

_____   _____
oder   oder
_____   _____

f]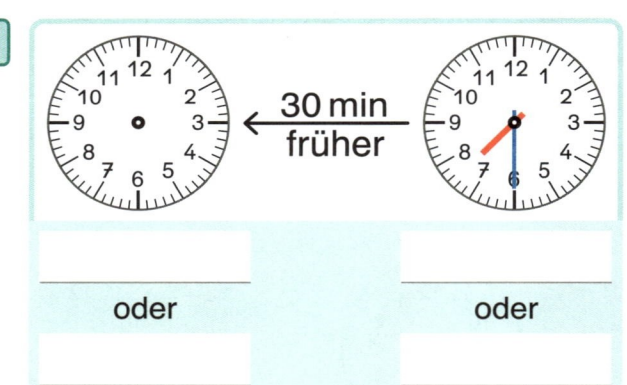

_____   _____
oder   oder
_____   _____

2 Berechne die Uhrzeiten.

vor 2 Stunden: _____		in 2 Stunden: _____
vor 30 Minuten: _____	09:30	in 30 Minuten: _____
vor 1 Stunde und 30 Minuten: _____		in 1 Stunde und 30 Minuten: _____

1 Rechne und kontrolliere mit der Umkehraufgabe.

a) $25 + 7 = \boxed{32}\checkmark$, denn $32 - 7 = 25$ b) $91 - 6 = \boxed{}$, denn _____

$58 + 6 = \boxed{}$, denn _____ $48 - 9 = \boxed{}$, denn _____

$37 + 8 = \boxed{}$, denn _____ $71 - 4 = \boxed{}$, denn _____

$76 + 5 = \boxed{}$, denn _____ $53 - 6 = \boxed{}$, denn _____

$49 + 4 = \boxed{}$, denn _____ $32 - 8 = \boxed{}$, denn _____

2 Rechne und kontrolliere mit der Umkehraufgabe.

a) $62 - 5 = \boxed{57}\checkmark$ b) $29 + 8 = \boxed{}$ c) $32 - 6 = \boxed{}$

$91 - 9 = \boxed{}$ $54 + 7 = \boxed{}$ $43 + 8 = \boxed{}$

$43 - 7 = \boxed{}$ $87 + 6 = \boxed{}$ $94 - 9 = \boxed{}$

$71 - 2 = \boxed{}$ $44 + 9 = \boxed{}$ $58 + 5 = \boxed{}$

$57 + 5 = 62$ $37 - 8 = 29$ $63 - 5 = 58$ $26 + 6 = 32$

$36 + 7 = 43$ $82 + 9 = 91$ $51 - 8 = 43$ $53 - 9 = 44$

$69 + 2 = 71$ $61 - 7 = 54$ $85 + 9 = 94$ $93 - 6 = 87$

3 Fülle die Rechentabellen aus. Überprüfe deine Ergebnisse.
Richtige Lösungen findest du in den Sternen.

a)

+	3	5	7	8	4
38	41✓				
47					
79					

⭐41 ⭐42 ⭐43 ⭐45 ⭐46
⭐50 ⭐51 ⭐52 ⭐54 ⭐55
⭐82 ⭐83 ⭐84 ⭐86 ⭐87

b)

−	6	2	4	7	9
52					
84					
46					

⭐37 ⭐39 ⭐40 ⭐42 ⭐43
⭐44 ⭐45 ⭐46 ⭐48 ⭐50
⭐75 ⭐77 ⭐78 ⭐80 ⭐82

1 Ergänze die fehlenden Zahlen.

a)

b)

2 Setze die Zahlen passend ein.

a)

b)

c)

3 Baue selbst Zahlenmauern.

4 Ergänze die fehlenden Zahlen.

5 Vergleiche die Zahlenmauern.
Baue selbst Zahlenmauern nach diesem Muster.

a)

b)

1 Ordne die Datumsangaben in der Reihenfolge des Jahreslaufs.
Übertrage dabei die Datumsangabe in die andere Schreibweise.

a | **18.** Mai | **8.** ~~März~~ | **28.** November | **6.** Juli | **6.** Dezember | **10.** Juni | **12.** September |

_8.3.,_ _____

b | **17.3.** | **4.2.** | **21.1.** | **25.6.** | **7.4.** | **16.8.** | **9.10.** |

21. Januar, _____

_____

2 Ergänze die Tabelle.

gestern	heute	morgen
Montag, 7.11.	_Dienstag, 8.11._	_Mittwoch, 9.11._
		Freitag, 24.7.
Freitag, 15.4.		
	Mittwoch, 21.12.	
		Montag, 12.9.
Sonntag, 30.10.		

3 Suche die Tage im Kalender und schreibe das Datum auf.

a Martinstag: _11.11._   **b** erster Sonntag im Dezember: _____

Tag der deutschen Einheit: _____   zweiter Dienstag im März: _____

Neujahr: _____   dritter Montag im April: _____

Sommeranfang: _____   erster Samstag im Mai: _____

4. Advent: _____   vierter Freitag im August: _____

Frühlingsanfang: _____   zweiter Donnerstag im Juni: _____

1 Male die Aufgaben, die zusammengehören, in der gleichen Farbe an.
Rechne die Aufgaben aus.

$4 \cdot 4 =$ 16 $4 + 4 + 4 + 4 =$ 16 $9 + 9 + 9 =$ ☐

$3 + 3 + 3 + 3 + 3 + 3 + 3 + 3 =$ ☐ $7 + 7 =$ ☐ $3 \cdot 3 =$ ☐

$5 \cdot 2 =$ ☐ $2 + 2 + 2 + 2 + 2 =$ ☐ $2 \cdot 7 =$ ☐ $8 \cdot 3 =$ ☐

$3 \cdot 9 =$ ☐ $3 + 3 + 3 =$ ☐ $7 + 7 + 7 + 7 =$ ☐ $4 \cdot 7 =$ ☐

2 Schreibe zu jeder Plusaufgabe die passende Malaufgabe.
Löse beide Aufgaben.

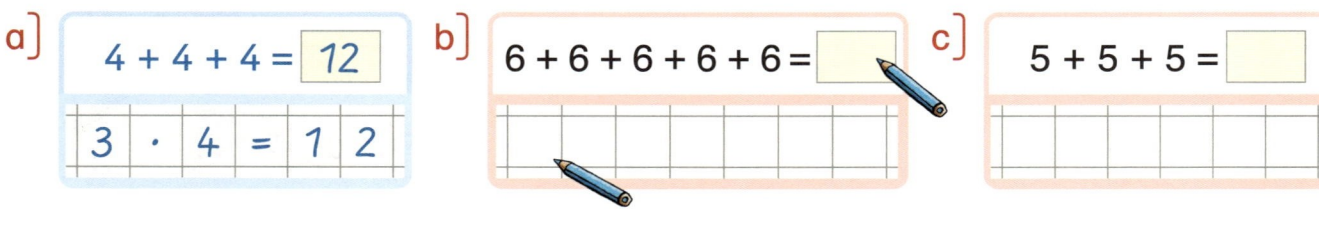

a] $4 + 4 + 4 =$ 12
$3 \cdot 4 = 12$

b] $6 + 6 + 6 + 6 + 6 =$ ☐

c] $5 + 5 + 5 =$ ☐

d] $9 + 9 =$ ☐

e] $8 + 8 + 8 + 8 =$ ☐

f] $7 + 7 + 7 =$ ☐

3 Schreibe zu jeder Malaufgabe die passende Plusaufgabe.
Löse beide Aufgaben.

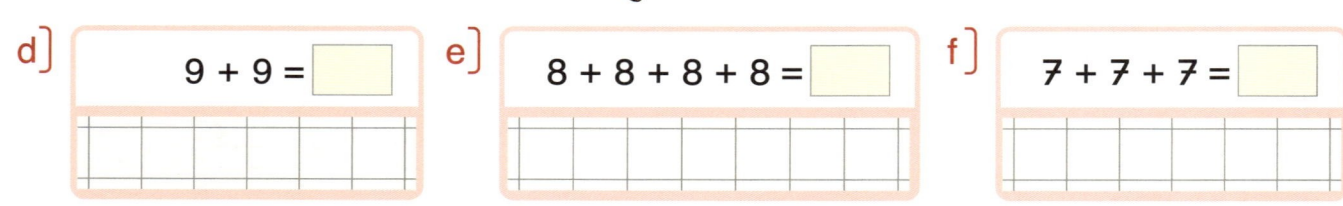

a] $4 + 4 + 4 + 4 + 4 + 4 = 24$
$6 \cdot 4 =$ 24

b] _____
$3 \cdot 6 =$ ☐

c] _____
$4 \cdot 5 =$ ☐

d] _____
$2 \cdot 8 =$ ☐

e] _____
$4 \cdot 9 =$ ☐

f] _____
$6 \cdot 2 =$ ☐

Malaufgaben

1 Trage die fehlenden Zahlen ein.

a)

· 5	
6	30
5	
3	
2	
4	
	50
	5
	45
	35
	40

b)

· 10	
8	
9	
3	
2	
5	
	40
	70
	100
	60
	10

c)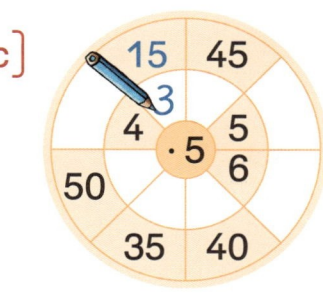

d)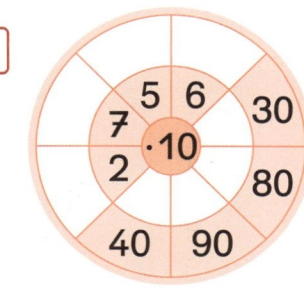

e)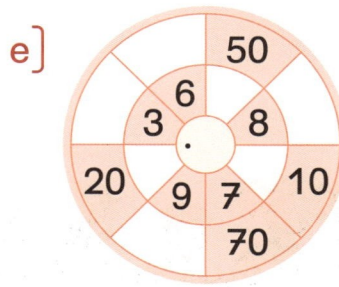

f)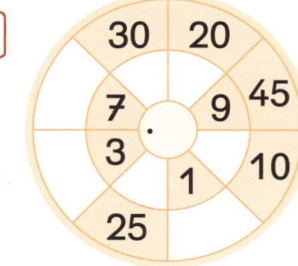

2 Fülle die Tabellen aus.

a)

Kinder	1	3		4		5		7		9
Zehen	10		20		60		80		100	

b)

Hände		7			1	3			8	10
Finger	25			10	30			20	45	

1 Trage die fehlenden Zahlen ein.

a)

· 2 →	
5	10
1	
9	
3	
7	

b)

· 2 →	
	4
	20
	12
	16
	8

c)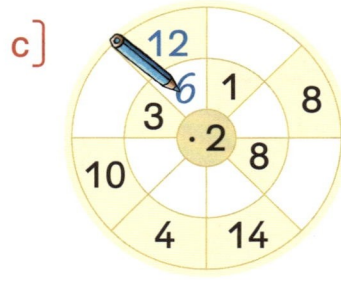

d)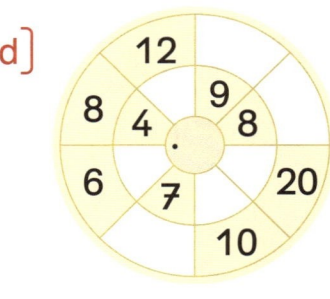

2 Fülle die Tabelle aus.

Kinder	3	7			1	5		8		10
Schuhe	6		4	12			8		18	

3 Verbinde die Aufgaben so, dass Malaufgaben entstehen.
Schreibe die Aufgaben auf.

a)

30 — 6 — 5   7   70   8
10   1   8

6	·	5	=	30
	·		=	
	·		=	

b)

8   2   5   9   90
16   7   35   10

	·		=	
	·		=	
	·		=	

c)

7   7   5   6   12
1   9   45   2

	·		=	
	·		=	
	·		=	

1 Löse die Figurenrätsel.

Meine Figur hat keine Ecken.

Alle 4 Seiten sind gleich lang.

Meine Figur hat 3 Seiten.

Die gegenüber-liegenden Seiten sind gleich lang.

2 Schreibe selbst ein Figurenrätsel.
Bitte ein anderes Kind, dein Rätsel zu lösen.

3 Zeichne die vorgegebenen Figuren. Benutze ein Lineal.

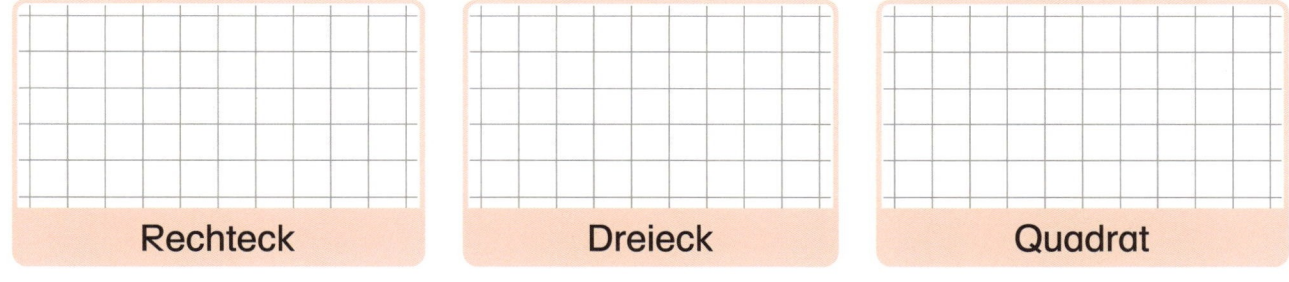

Rechteck

Dreieck

Quadrat

4 Ergänze die Figuren in Aufgabe 3.

a) Markiere die Ecken des Quadrats schwarz.

b) Zeichne die Seiten des Dreiecks in Orange nach. Benutze ein Lineal.

c) Male die Fläche des Rechtecks grün aus.

5 Suche alle Quadrate und Dreiecke. Zähle sie.

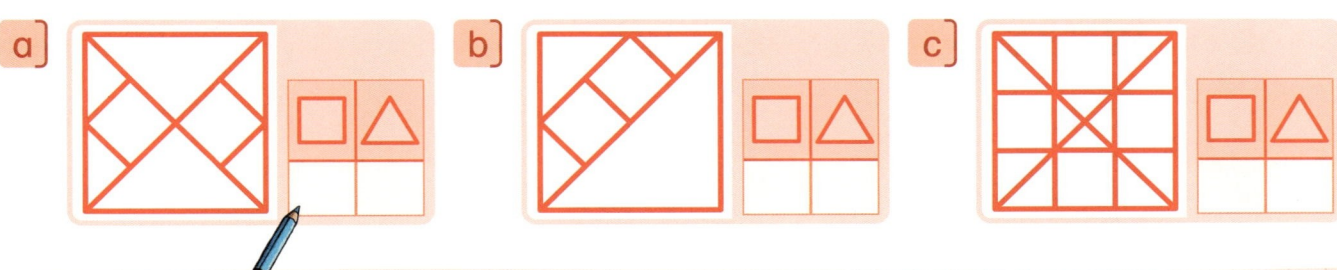

a)

b)

c)

1 Schätze welche Figuren eine gleich große Fläche haben.
Verbinde sie.

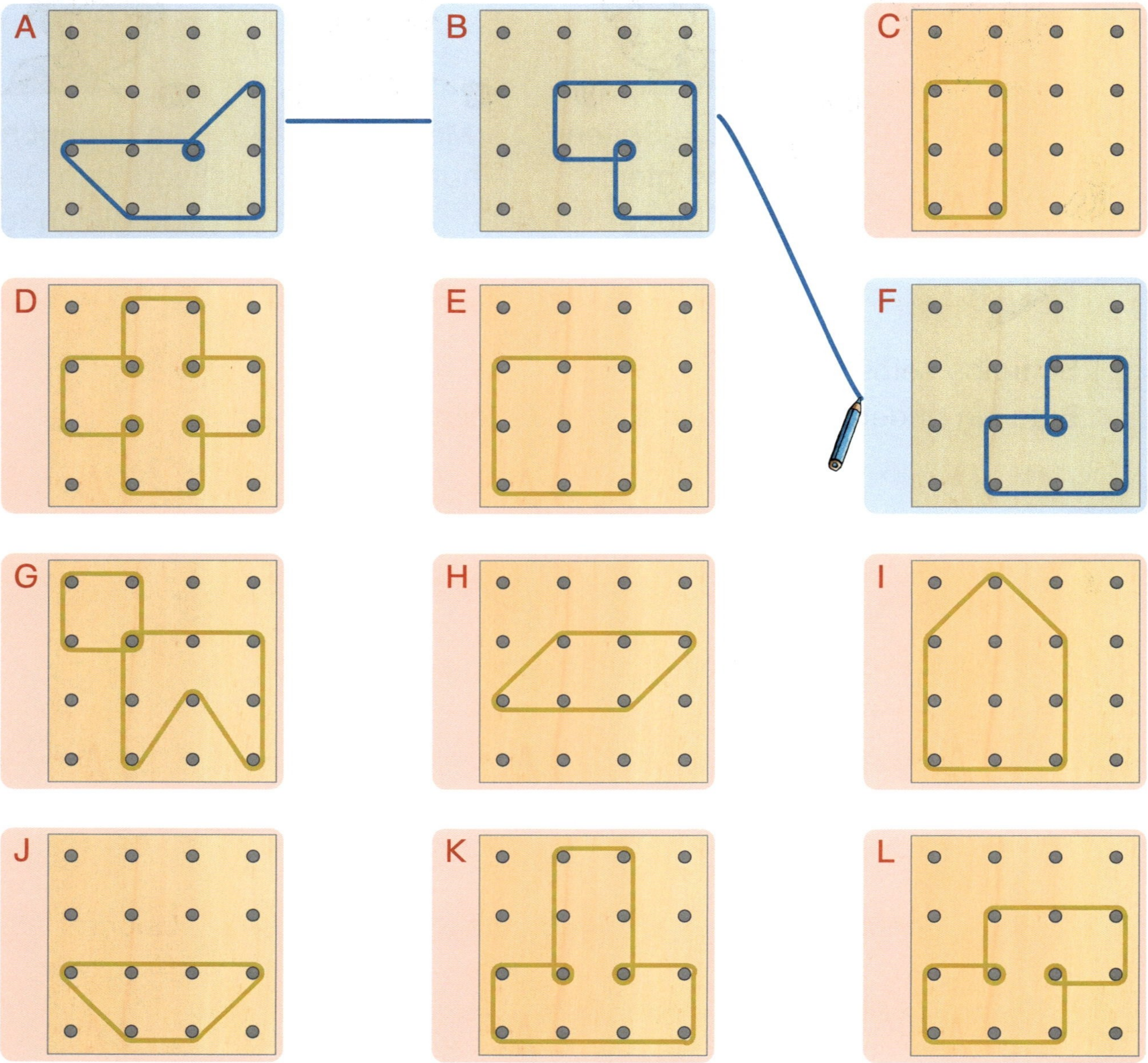

A   B   C

D   E   F

G   H   I

J   K   L

2 Kontrolliere dein Ergebnis.
Bestimme dazu bei jeder Figur den Flächeninhalt. Trage ihn ein.

A	3	Kästchen	B		Kästchen	C	Kästchen
D		Kästchen	E		Kästchen	F	Kästchen
G		Kästchen	H		Kästchen	I	Kästchen
J		Kästchen	K		Kästchen	L	Kästchen

Geometrische Grundformen – Flächen

1 Trage die fehlenden Zahlen ein.

Immer das Doppelte

a) **· 2**

9	18
5	
1	
3	
7	
	12
	4
	20
	8
	16

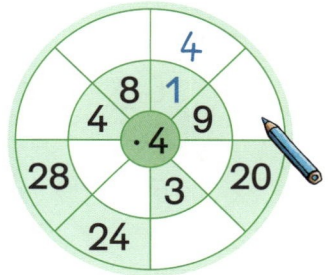

b) **· 4**

5	
7	
3	
1	
4	
	24
	36
	40
	8
	32

c) **· 8**

2	
6	
4	
10	
8	
	8
	56
	72
	24
	40

d)

·	2	4	8
6	12	24	48
8			
		12	
7			
	8		
5			
			8
			72
2			
		40	

2 Trage die fehlenden Zahlen ein.

a) · 4: 4, 8, 1, 9, 4, 28, 3, 20, 24

b) · 8: 40, 56, 32, 24, 8, 9, 48, 16

c) · : 16, 10, 5, 36, 7, 28, 2, 3, 32

3 Fülle die Tabellen aus.

a)

Kühe	2		6			5	8		9	
Beine	8	20		28	40			12		16

b)

Spinnen	6	1		10		8			9	
Beine			56		16		24	40		32

1 Trage die fehlenden Zahlen ein.

Mir fällt etwas auf!

a) **· 3**

5	15
7	
3	
1	
4	
	18
	24
	6
	30
	27

b) **· 6**

5	
4	
	54
	36
8	
	18
10	
	6
	42
2	

c) **· 9**

5	
2	
10	
	27
	36
	72
6	
	9
7	
	81

d)

·	3	6	9
3	9	18	27
6			
		12	
			45
		6	
9			
	24		
		24	
			90
7			

2 Trage die fehlenden Zahlen ein.

a)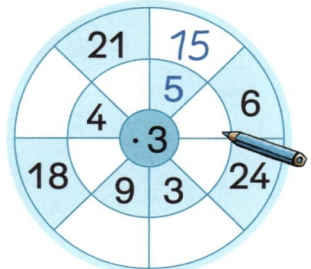

b)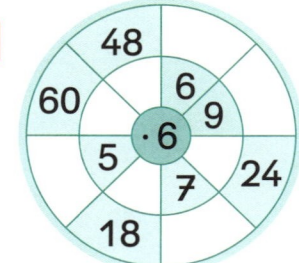

c)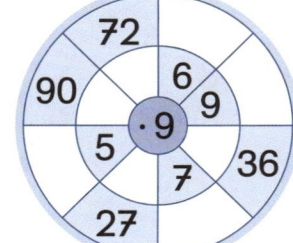

3 Fülle die Tabellen aus.

a)

Windräder	3	5		7	8		6		10
Flügel	9		3			6		12	27	

b)

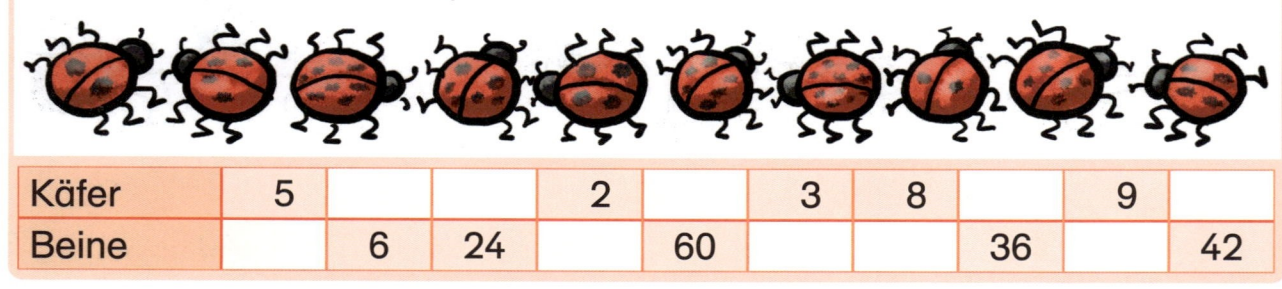

Käfer	5		2		3	8		9
Beine		6	24		60		36		42

1 Trage die fehlenden Zahlen ein.

a]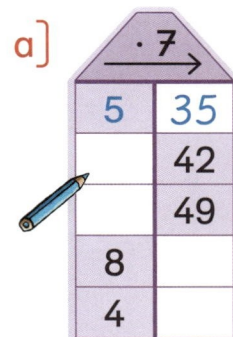

· 7 →	
5	35
	42
	49
8	
4	

b]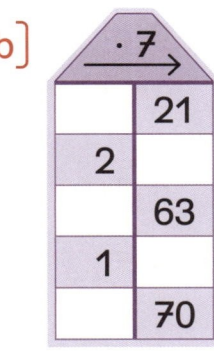

· 7 →	
	21
2	
	63
1	
	70

c]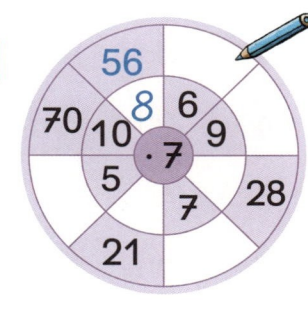

56 · 7: 8, 6, 9, 28, 7, 21, 5, 10, 70

d]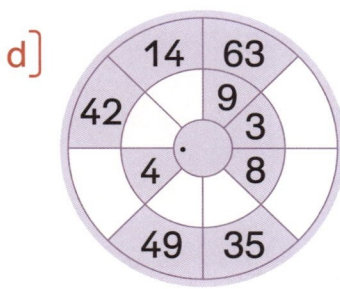

14, 63, 9, 3, 8, 35, 49, 4, 42

2 Fülle die Tabellen aus.

a]

Stockwerke	2	8	5	9	4
Fenster	14				

b]

Stockwerke					
Fenster	21	7	42	49	70

c]

Stockwerke	3		7		10
Fenster		35		63	

d]

Stockwerke		1		6	
Fenster	28		14		56

3 Male das Kästchen mit dem richtigen Ergebnis aus.

a]
$6 · 7 =$ | 40 | 42 | 49 |
$0 · 7 =$ | 7 | 10 | 0 |
$8 · 7 =$ | 56 | 63 | 64 |
$3 · 7 =$ | 25 | 21 | 18 |

b]
$2 · 7 =$ | 12 | 14 | 16 |
$5 · 7 =$ | 40 | 48 | 35 |
$4 · 7 =$ | 28 | 32 | 27 |
$9 · 7 =$ | 63 | 65 | 70 |

c]
$6 · 7 + 2 =$ | 48 | 52 | 44 |
$5 · 7 + 4 =$ | 39 | 32 | 34 |
$8 · 7 - 5 =$ | 65 | 76 | 51 |
$7 · 7 - 4 =$ | 45 | 49 | 52 |

1 Löse die Aufgaben.

a) 6 · 8 = 48   b) 0 · 8 = ☐   c) 7 · 6 = ☐   d) 3 · 8 = ☐

9 · 2 = ☐   4 · 2 = ☐   3 · 5 = ☐   0 · 5 = ☐

3 · 10 = ☐   6 · 4 = ☐   5 · 4 = ☐   7 · 3 = ☐

2 · 6 = ☐   5 · 10 = ☐   1 · 2 = ☐   10 · 5 = ☐

2 Fülle die Rechentabellen aus.

a)

·	3	7	9	2	5
5	15				
3					
6					
9					

b)

·	4	6	1	8	10
2					
7					
8					
10					

3 Male das Kästchen mit dem richtigen Ergebnis aus.

a)
8 · 3 + 3 = 24 | 27 | 21
7 · 5 + 5 = 35 | 30 | 40
10 · 9 − 6 = 84 | 90 | 96
2 · 7 − 3 = 17 | 11 | 14

b)
6 · 6 + 4 = 40 | 32 | 36
5 · 8 − 8 = 48 | 32 | 40
7 · 2 + 5 = 14 | 19 | 9
8 · 9 − 3 = 72 | 75 | 69

4 Löse die Geheimschrift.

8	12	16	18	20	21	24	30	35	36	40	56	72
S	T	L	A	U	D	N	K	E	C	O	H	R

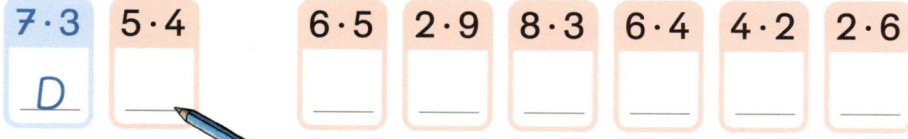

7·3   5·4   6·5   2·9   8·3   6·4   4·2   2·6
 D   ___   ___   ___   ___   ___   ___   ___

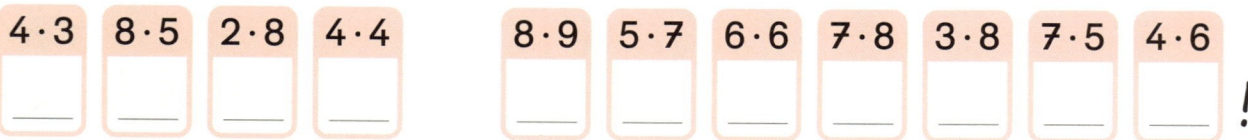

4·3   8·5   2·8   4·4   8·9   5·7   6·6   7·8   3·8   7·5   4·6
___   ___   ___   ___   ___   ___   ___   ___   ___   ___   ___   !

1 Schreibe zu jedem Bild die passende Geteiltaufgabe.

a]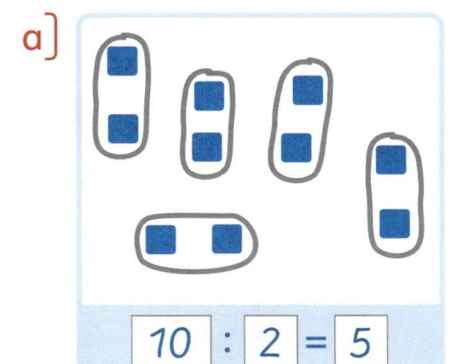

$10 : 2 = 5$

b]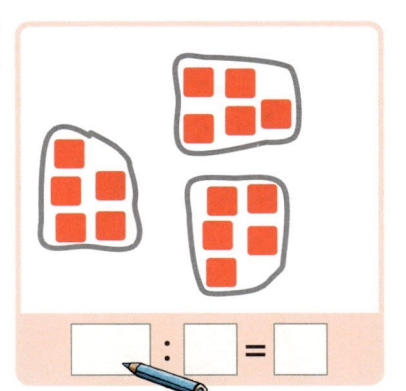

☐ : ☐ = ☐

c]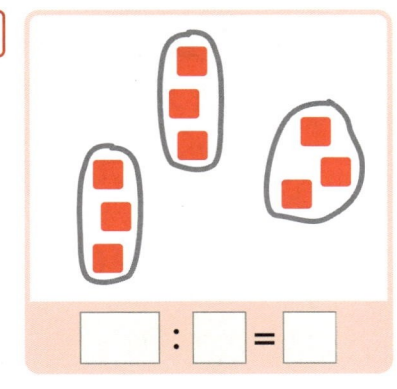

☐ : ☐ = ☐

d]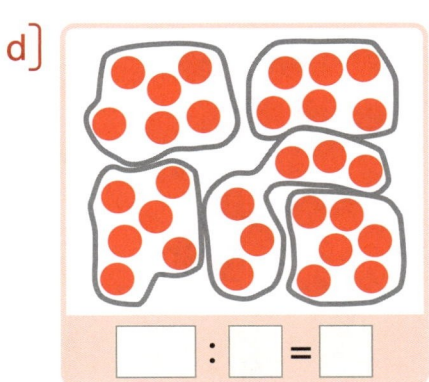

☐ : ☐ = ☐

e]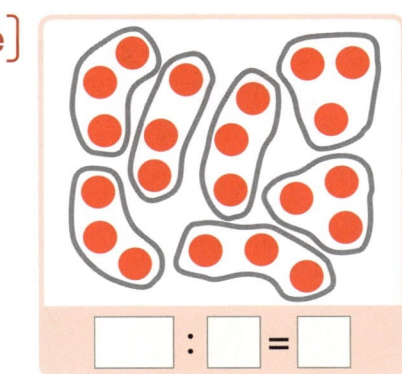

☐ : ☐ = ☐

f]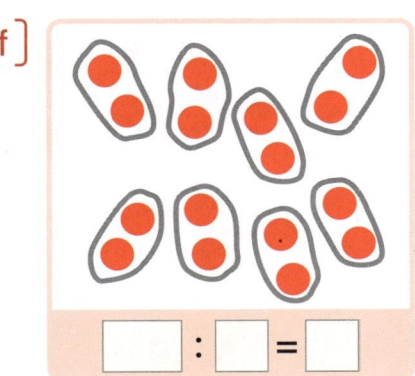

☐ : ☐ = ☐

2 Zeichne passende Rechenbilder und löse die Aufgaben.

a]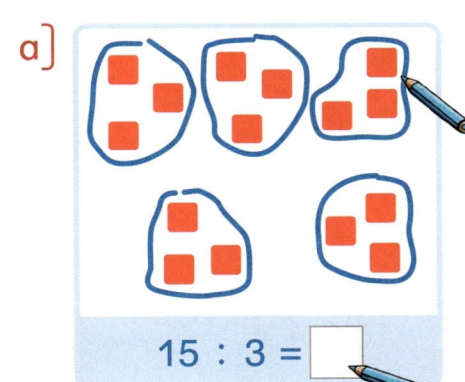

$15 : 3 =$ ☐

b]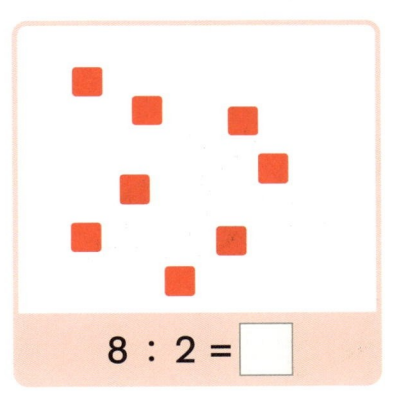

$8 : 2 =$ ☐

c]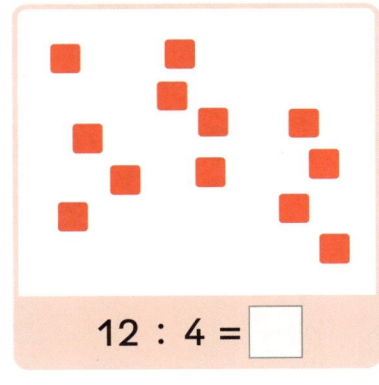

$12 : 4 =$ ☐

d]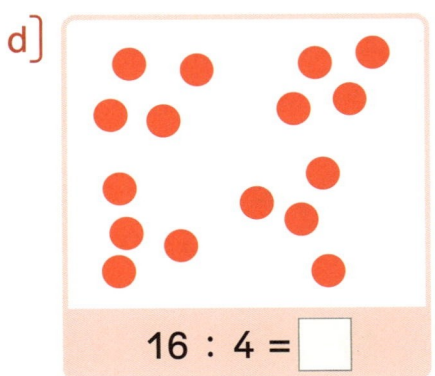

$16 : 4 =$ ☐

e]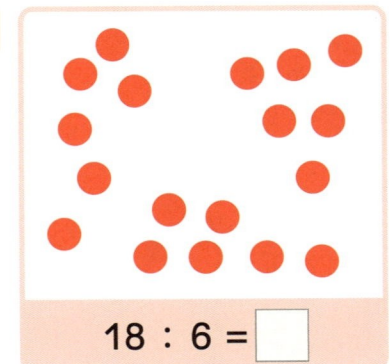

$18 : 6 =$ ☐

f]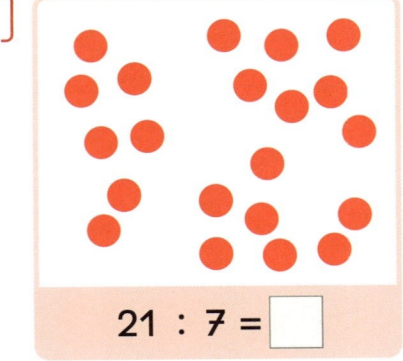

$21 : 7 =$ ☐

1 Zeichne passende Rechenbilder und löse die Aufgaben.

a)

$12 : 6 = \boxed{2}$

b)

$15 : 5 = \boxed{}$

c)

$9 : 3 = \boxed{}$

d)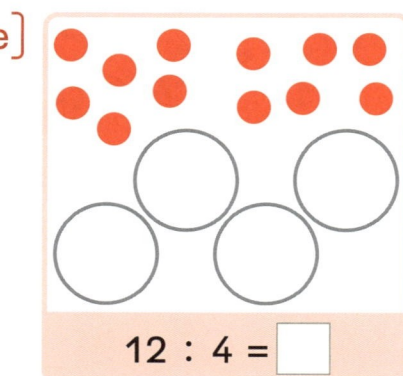

$15 : 3 = \boxed{}$

e)

$12 : 4 = \boxed{}$

f)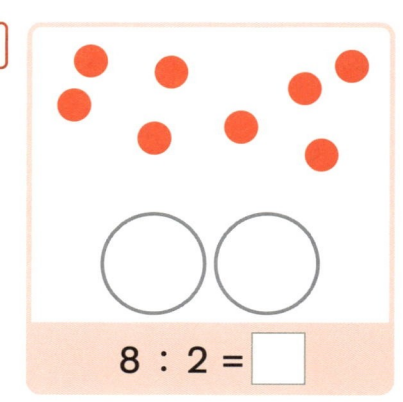

$8 : 2 = \boxed{}$

2 Zeichne passende Rechenbilder und löse die Aufgaben.

a)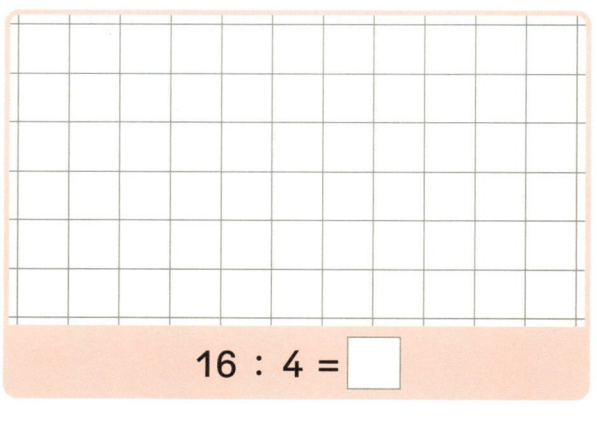

$12 : 3 = \boxed{}$

b)

$16 : 4 = \boxed{}$

c)

$12 : 2 = \boxed{}$

d)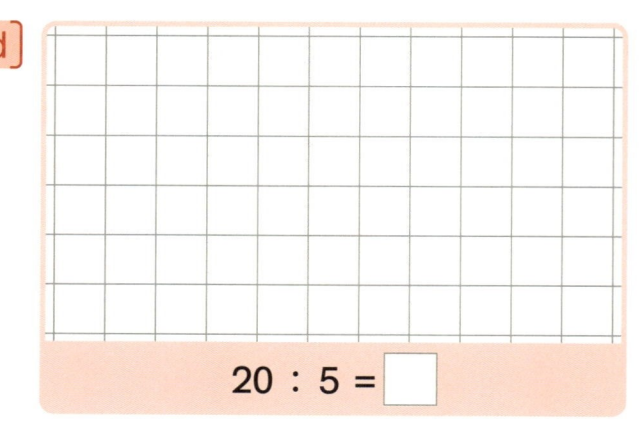

$20 : 5 = \boxed{}$

Zu Geteiltaufgaben passende Malaufgaben finden

1 Trage die fehlenden Zahlen ein.

a) $35 \xrightarrow[\cdot 5]{:5} \boxed{7}$

b) $42 \xrightarrow[\cdot 6]{:6} \boxed{}$

c) $32 \xrightarrow[\cdot 8]{:8} \boxed{}$

d) $\boxed{} \xrightarrow[\cdot 5]{:5} 8$

e) $\boxed{} \xrightarrow[\cdot 3]{:3} 5$

f) $\boxed{} \xrightarrow[\cdot 9]{:9} 5$

2 Finde zu jeder Geteiltaufgabe die passende Malaufgabe.
Rechne beide Aufgaben aus.

a) $20 : 4 = \boxed{5}$
$\boxed{5} \cdot \boxed{4} = \boxed{20}$

b) $72 : 8 = \boxed{}$
$\boxed{} \cdot \boxed{} = \boxed{}$

c) $42 : 7 = \boxed{}$
$\boxed{} \cdot \boxed{} = \boxed{}$

d) $27 : 3 = \boxed{}$
$\boxed{} \cdot \boxed{} = \boxed{}$

e) $63 : 9 = \boxed{}$
$\boxed{} \cdot \boxed{} = \boxed{}$

f) $30 : 6 = \boxed{}$
$\boxed{} \cdot \boxed{} = \boxed{}$

3 Löse die Geteiltaufgaben.
Kontrolliere deine Ergebnisse mit der Umkehraufgabe.

a) $16 : 2 = \boxed{8}$, denn $8 \cdot 2 = 16$

$35 : 7 = \boxed{}$, denn _____

$18 : 3 = \boxed{}$, denn _____

$36 : 4 = \boxed{}$, denn _____

$15 : 5 = \boxed{}$, denn _____

b) $40 : 8 = \boxed{}$, denn _____

$54 : 9 = \boxed{}$, denn _____

$42 : 6 = \boxed{}$, denn _____

$28 : 4 = \boxed{}$, denn _____

$63 : 7 = \boxed{}$, denn _____

4 Bilde Aufgabenfamilien.
Nutze Tauschaufgaben und Umkehraufgaben.

a) | 4 | 6 | 24 |

$4 \cdot 6 = 24$
$6 \cdot 4 = 24$
$24 : 6 = 4$
$24 : 4 = 6$

b) | 7 | 8 | 56 |

c) | 9 | 5 | 45 |

1 Male die Aufgaben und ihre Ergebnisse jeweils in der gleichen Farbe aus.

| 21 : 3 | 42 : 6 | 54 : 6 | 72 : 8 | | 9 | 8 | 9 | 7 |

| 32 : 8 | 36 : 4 | 21 : 7 | 35 : 5 | | 3 | 5 | 7 | 4 |

| 80 : 10 | 50 : 10 | 48 : 6 | 27 : 3 | | 8 | 7 | 9 | 9 |

2 Verbinde so, dass sich richtige Aufgaben ergeben.

a)
35	: 4	= 9
80	: 5	= 8
24	: 2	= 6
18	: 10	= 7

b)
14	: 4	= 9
32	: 5	= 7
45	: 10	= 8
60	: 2	= 6

3 Streiche die falschen Ergebnisse durch.

a)
15 : 5 = 2   10   3
80 : 10 = 10   8   6
30 : 5 = 6   4   8
20 : 10 = 1   2   5
45 : 5 = 5   7   9

b)
28 : 4 = 9   7   5
16 : 2 = 6   4   8
32 : 4 = 2   8   10
 8 : 2 = 4   2   8
40 : 4 = 5   10   8

c)
27 : 3 = 9   6   7
54 : 6 = 4   9   6
24 : 6 = 3   5   4
18 : 3 = 7   6   4
21 : 3 = 7   8   9

4 Male das Kästchen mit dem richtigen Ergebnis aus.

a)
49 : 7 = 7   6   9
64 : 8 = 6   8   9
72 : 8 = 7   6   9
36 : 9 = 6   4   8
90 : 10 = 9   10   8

b)
32 : 8 = 6   8   4
27 : 9 = 5   3   4
42 : 7 = 8   6   7
40 : 8 = 4   5   6
18 : 2 = 9   8   7

c)
45 : 9 = 4   5   3
28 : 7 = 4   3   6
24 : 8 = 6   3   4
63 : 7 = 8   7   9
42 : 6 = 9   7   8

1 Schreibe zu jedem Bild die passende Geteiltaufgabe.

a]

13 : 3 = 4 Rest 1

b]
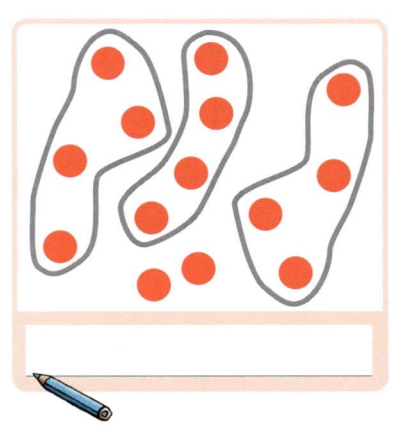

c]
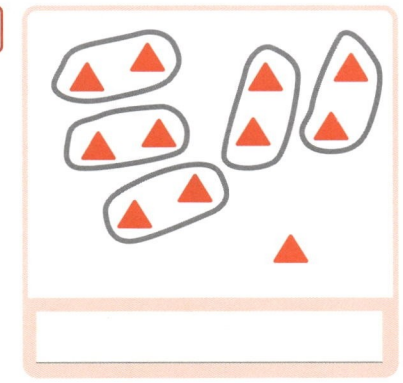

d]

e]
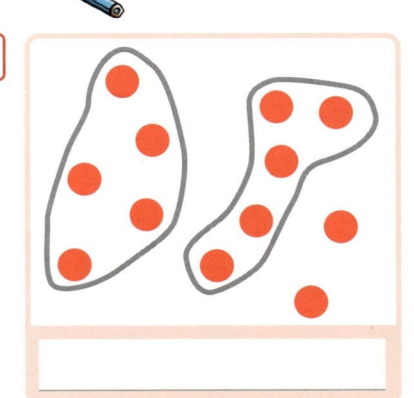

f]

2 Zeichne passende Rechenbilder und löse die Aufgaben.

a]
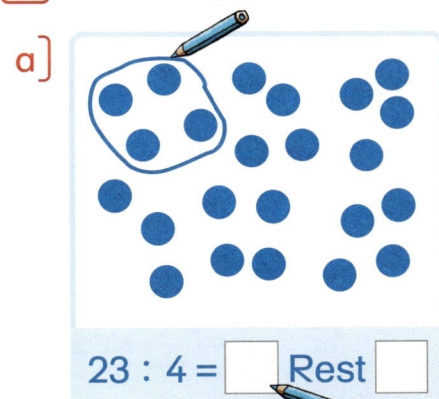

23 : 4 = ☐ Rest ☐

b]
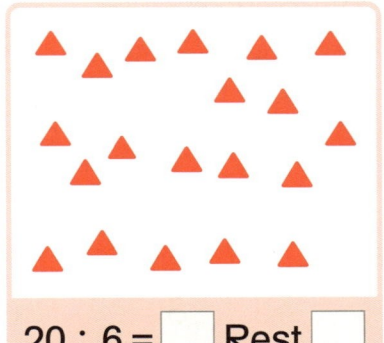

20 : 6 = ☐ Rest ☐

c]
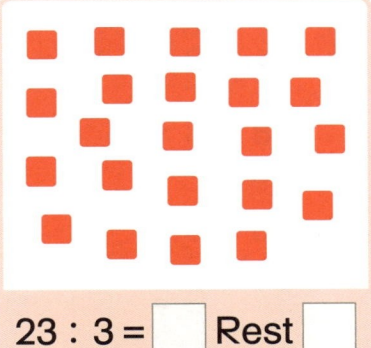

23 : 3 = ☐ Rest ☐

d]
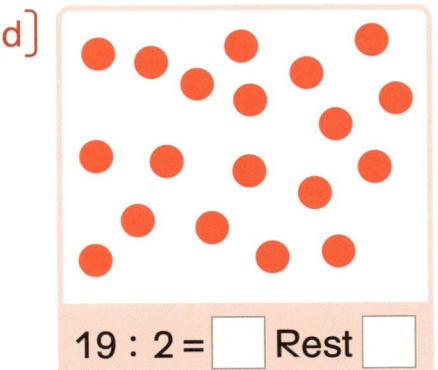

19 : 2 = ☐ Rest ☐

e]

27 : 5 = ☐ Rest ☐

f]
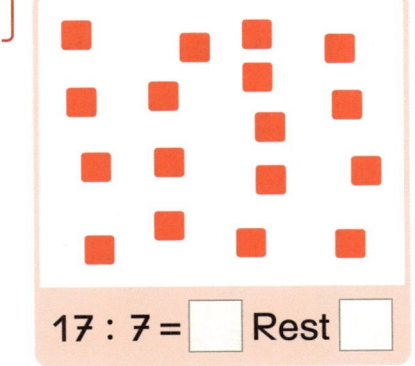

17 : 7 = ☐ Rest ☐

1 Setze die Reihen fort.

a)
14 : 7 = 2
15 : 7 = 2 Rest 1
16 : 7 = ☐ Rest ☐
☐ : 7 = ☐ Rest ☐
☐ : 7 = ☐ Rest ☐

b)
20 : 5 = ☐
21 : 5 = ☐ Rest ☐
22 : 5 = ☐ Rest ☐
☐ : 5 = ☐ Rest ☐
☐ : 5 = ☐ Rest ☐

4 : 4 = 1 Rest 0
5 : 4 = 1 Rest 1
6 : 4 = 1 Rest 2
7 : 4 = 1 Rest 3
8 : 4 = 2 Rest 0
Und so weiter ...

c)
32 : 8 = ☐
33 : 8 = ☐ Rest ☐
34 : 8 = ☐ Rest ☐
☐ : 8 = ☐ Rest ☐
☐ : 8 = ☐ Rest ☐

d)
27 : 9 = ☐
28 : 9 = ☐ Rest ☐
29 : 9 = ☐ Rest ☐
☐ : 9 = ☐ Rest ☐
☐ : 9 = ☐ Rest ☐

2 Löse immer zuerst die obere Aufgabe.
Löse dann die Aufgabe mit Rest.

a)
24 : 8 = 3
28 : 8 = 3 Rest 4

b)
30 : 10 = ☐
34 : 10 = ☐ Rest ☐

c)
12 : 3 = ☐
14 : 3 = ☐ Rest ☐

d)
30 : 6 = ☐
34 : 6 = ☐ Rest ☐

e)
40 : 8 = ☐
43 : 8 = ☐ Rest ☐

f)
15 : 3 = ☐
17 : 3 = ☐ Rest ☐

3 Löse die Aufgaben und kontrolliere mit den Malaufgaben.

a) 22 : 4 = 5 Rest 2 ⟶ 5 · 4 + 2 = 22
b) 19 : 5 = ☐ Rest ☐ ⟶ ☐ · ☐ + ☐ = ☐
c) 26 : 3 = ☐ Rest ☐ ⟶ ☐ · ☐ + ☐ = ☐
d) 20 : 6 = ☐ Rest ☐ ⟶ ☐ · ☐ + ☐ = ☐

1 Zeichne zu jeder Rechengeschichte ein Punktebild.
Schreibe die Rechnung (R) auf und ergänze den Antwortsatz (A).

a) Auf dem Parkplatz stehen Autos in Fünferreihen. 3 Reihen sind voll besetzt.

3 Reihen mit 5 Autos

F: Wie viele Autos parken auf dem Parkplatz?

R: 3 · 5 = 15

A: Auf dem Parkplatz parken [15] Autos.

b) Auf einem Parkplatz parken 24 Autos in 4 Reihen. In jeder Reihe stehen gleich viele Autos.

F: Wie viele Autos stehen in jeder Reihe?

R:

A: In jeder Reihe stehen [ ] Autos.

c) Auf einem Parkplatz stehen 36 Autos in Sechserreihen.

F: Wie viele Reihen sind besetzt?

R:

A: Es sind [ ] Reihen besetzt.

d) Auf einem Parkplatz parken Autos in 5 Reihen. In jeder Reihe stehen 6 Autos.

F: Wie viele Autos parken dort?

R:

A: Dort parken [ ] Autos.

1 Male die Felder nach Vorgabe aus.

a) Felder mit geraden Zahlen grün

3	51	83	36	89	37	5	47	61	20	71	35	93
77	19	90	39	22	81	67	55	74	91	62	73	59
85	44	87	63	17	56	75	88	97	43	95	24	13
8	53	41	15	57	79	42	11	65	31	49	69	58

b) Felder mit ungeraden Zahlen gelb

13	61	49	18	67	55	27	65	28	15	77	73	19
12	46	21	50	43	34	22	53	14	41	24	32	47
38	20	57	36	69	40	48	75	54	63	42	26	79
52	56	39	51	23	58	16	17	71	45	30	44	25

2 Ordne nach geraden und ungeraden Zahlen.

a)
31 35 ~~34~~
37 38 36

gerade Zahlen: 34 _____
ungerade Zahlen: _____

b)
54 59 52
57 56 53

gerade Zahlen: _____
ungerade Zahlen: _____

c)
84 89 85
88 83 82

gerade Zahlen: _____
ungerade Zahlen: _____

3 Schreibe …

a) … alle geraden Zahlen zwischen 60 und 80 auf.

62, _____

b) … alle ungeraden Zahlen zwischen 50 und 70 auf.

_____

c) … alle geraden Zahlen aus dem Einmaleins mit 7 auf.

_____

1 Löse die Aufgaben. Stelle deine Rechenschritte am Rechenstrich dar.

a]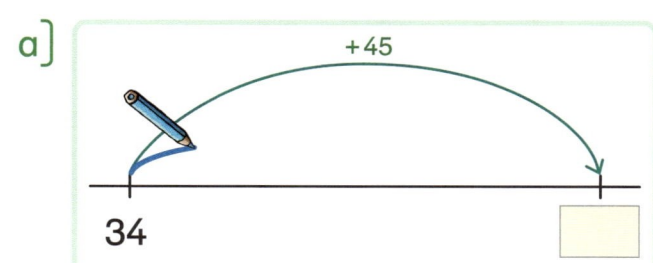

Was ist für mich leichter? Zuerst die Zehner dazu oder zuerst die Einer dazu?

b]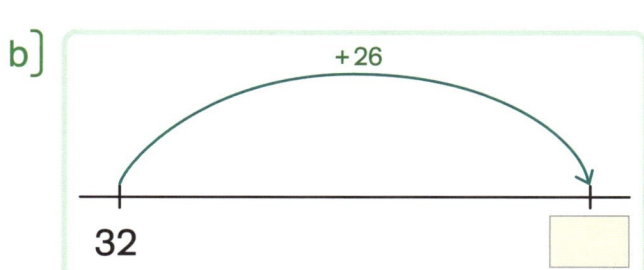

c]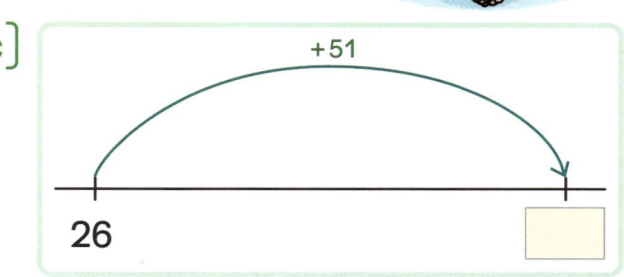

2 Löse die Aufgaben. Schreibe deine Rechenschritte auf.

a] 25 + 43 = ☐
25 + ☐ = ☐
☐ + ☐ = ☐

b] 52 + 36 = ☐
☐ + ☐ = ☐
☐ + ☐ = ☐

c] 43 + 34 = ☐
☐ + ☐ = ☐
☐ + ☐ = ☐

d] 31 + 24 = ☐
☐ + ☐ = ☐
☐ + ☐ = ☐

e] 67 + 31 = ☐
☐ + ☐ = ☐
☐ + ☐ = ☐

f] 72 + 17 = ☐
☐ + ☐ = ☐
☐ + ☐ = ☐

3 Löse die Aufgaben. Rechne mit deinen Rechenschritten im Kopf.
Kontrolliere die Ergebnisse. Die Lösungszahlen findest du in den Sternen.

a] 26 + 32 = 58
62 + 26 = ☐
16 + 61 = ☐
31 + 35 = ☐

b] 54 + 33 = ☐
21 + 35 = ☐
64 + 14 = ☐
41 + 43 = ☐

c] 72 + 23 = ☐
41 + 58 = ☐
13 + 62 = ☐
31 + 63 = ☐

 56 58 66 75 77 78 84 87 88 94 95 99

1 Löse die Aufgaben. Schreibe deine Rechenschritte auf.

a] 56 + 35 = ☐
☐ ◯ ☐ = ☐
☐ ◯ ☐ = ☐

b] 43 + 29 = ☐
☐ ◯ ☐ = ☐
☐ ◯ ☐ = ☐

c] 17 + 48 = ☐
☐ ◯ ☐ = ☐
☐ ◯ ☐ = ☐

d] 26 + 67 = ☐
☐ ◯ ☐ = ☐
☐ ◯ ☐ = ☐

e] 69 + 26 = ☐
☐ ◯ ☐ = ☐
☐ ◯ ☐ = ☐

f] 56 + 19 = ☐
☐ ◯ ☐ = ☐
☐ ◯ ☐ = ☐

2 Verbinde die Aufgaben mit dem richtigen Ergebnis.

a]
26 + 45   94
45 + 37   71
36 + 58   82

b]
64 + 28   75
37 + 38   84
58 + 26   92

3 Schreibe alle möglichen Plusaufgaben auf und löse sie.

17   25
38 + 53
46   27

17 + 25 = 42
☐ + ☐ = ☐
☐ + ☐ = ☐
☐ + ☐ = ☐
☐ + ☐ = ☐

☐ + ☐ = ☐
☐ + ☐ = ☐
☐ + ☐ = ☐
☐ + ☐ = ☐

4 Ergänze die Zahlenmauern.

a]

64
15
6 9 8 7

b]
88
28 5 6 27

c]

92
15 6 17 8

Plusaufgaben mit zweistelligen Zahlen

1 Löse die Aufgaben. Stelle deine Rechenschritte am Rechenstrich dar.

a]

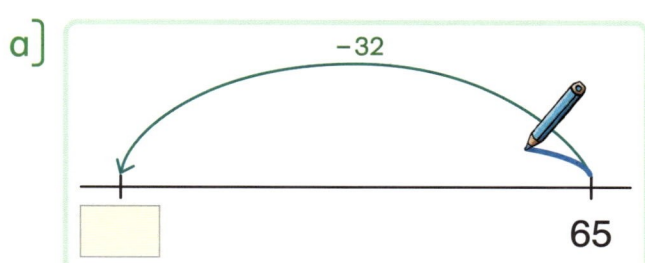

−32

65

Was ist für mich leichter? Zuerst die Zehner weg oder zuerst die Einer weg?

b]

−24

87

c]

−56

98

2 Löse die Aufgaben. Schreibe deine Rechenschritte auf.

a] 87 − 34 = ▢

87 − ▢ = ▢

▢ − ▢ = ▢

b] 65 − 42 = ▢

▢ − ▢ = ▢

▢ − ▢ = ▢

c] 74 − 23 = ▢

▢ − ▢ = ▢

▢ − ▢ = ▢

d] 98 − 55 = ▢

▢ − ▢ = ▢

▢ − ▢ = ▢

e] 59 − 17 = ▢

▢ − ▢ = ▢

▢ − ▢ = ▢

f] 83 − 72 = ▢

▢ − ▢ = ▢

▢ − ▢ = ▢

3 Löse die Aufgaben. Rechne mit deinen Rechenschritten im Kopf.
Kontrolliere die Ergebnisse. Die Lösungszahlen findest du in den Sternen.

a] 68 − 31 = 37

36 − 14 = ▢

95 − 42 = ▢

75 − 34 = ▢

b] 56 − 21 = ▢

97 − 35 = ▢

44 − 23 = ▢

47 − 35 = ▢

c] 75 − 33 = ▢

49 − 18 = ▢

88 − 72 = ▢

99 − 27 = ▢

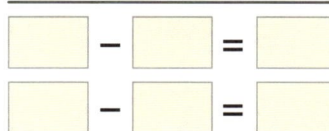

12   16   21   22   31   35   3̶7̶   41   42   53   62   7̶2̶

1 Löse die Aufgaben. Schreibe deine Rechenschritte auf.

a) $32 - 16 = \boxed{}$
$\boxed{} \bigcirc \boxed{} = \boxed{}$
$\boxed{} \bigcirc \boxed{} = \boxed{}$

b) $73 - 45 = \boxed{}$
$\boxed{} \bigcirc \boxed{} = \boxed{}$
$\boxed{} \bigcirc \boxed{} = \boxed{}$

c) $56 - 29 = \boxed{}$
$\boxed{} \bigcirc \boxed{} = \boxed{}$
$\boxed{} \bigcirc \boxed{} = \boxed{}$

d) $86 - 58 = \boxed{}$
$\boxed{} \bigcirc \boxed{} = \boxed{}$
$\boxed{} \bigcirc \boxed{} = \boxed{}$

e) $43 - 17 = \boxed{}$
$\boxed{} \bigcirc \boxed{} = \boxed{}$
$\boxed{} \bigcirc \boxed{} = \boxed{}$

f) $62 - 39 = \boxed{}$
$\boxed{} \bigcirc \boxed{} = \boxed{}$
$\boxed{} \bigcirc \boxed{} = \boxed{}$

2 Verbinde die Aufgaben mit dem richtigen Ergebnis.

a)
$62 - 28$ 45
$81 - 36$ 34
$43 - 17$ 26

b)
$93 - 57$ 48
$72 - 24$ 27
$64 - 37$ 36

3 Schreibe alle möglichen Minusaufgaben auf und löse sie.

45   18
34 − 21
23   17

$45 - 18 = \boxed{}$ $\boxed{} - \boxed{} = \boxed{}$
$\boxed{} - \boxed{} = \boxed{}$ $\boxed{} - \boxed{} = \boxed{}$
$\boxed{} - \boxed{} = \boxed{}$ $\boxed{} - \boxed{} = \boxed{}$
$\boxed{} - \boxed{} = \boxed{}$ $\boxed{} - \boxed{} = \boxed{}$
$\boxed{} - \boxed{} = \boxed{}$

4 Kontrolliere die Aufgaben. Verbessere die Fehler.
Tipp: In jedem Päckchen sind zwei Aufgaben falsch.

a) $51 - 16 = 35$ ✓
$83 - 45 = \cancel{68}\ 58$
$46 - 29 = 16$ ___

b) $62 - 37 = 26$ ___
$94 - 59 = 33$ ___
$72 - 26 = 46$ ___

c) $36 - 19 = 17$ ___
$55 - 46 = 19$ ___
$82 - 36 = 48$ ___

1 Schätze, wie lang diese Verkehrsmittel ungefähr in Wirklichkeit sind. Verbinde.

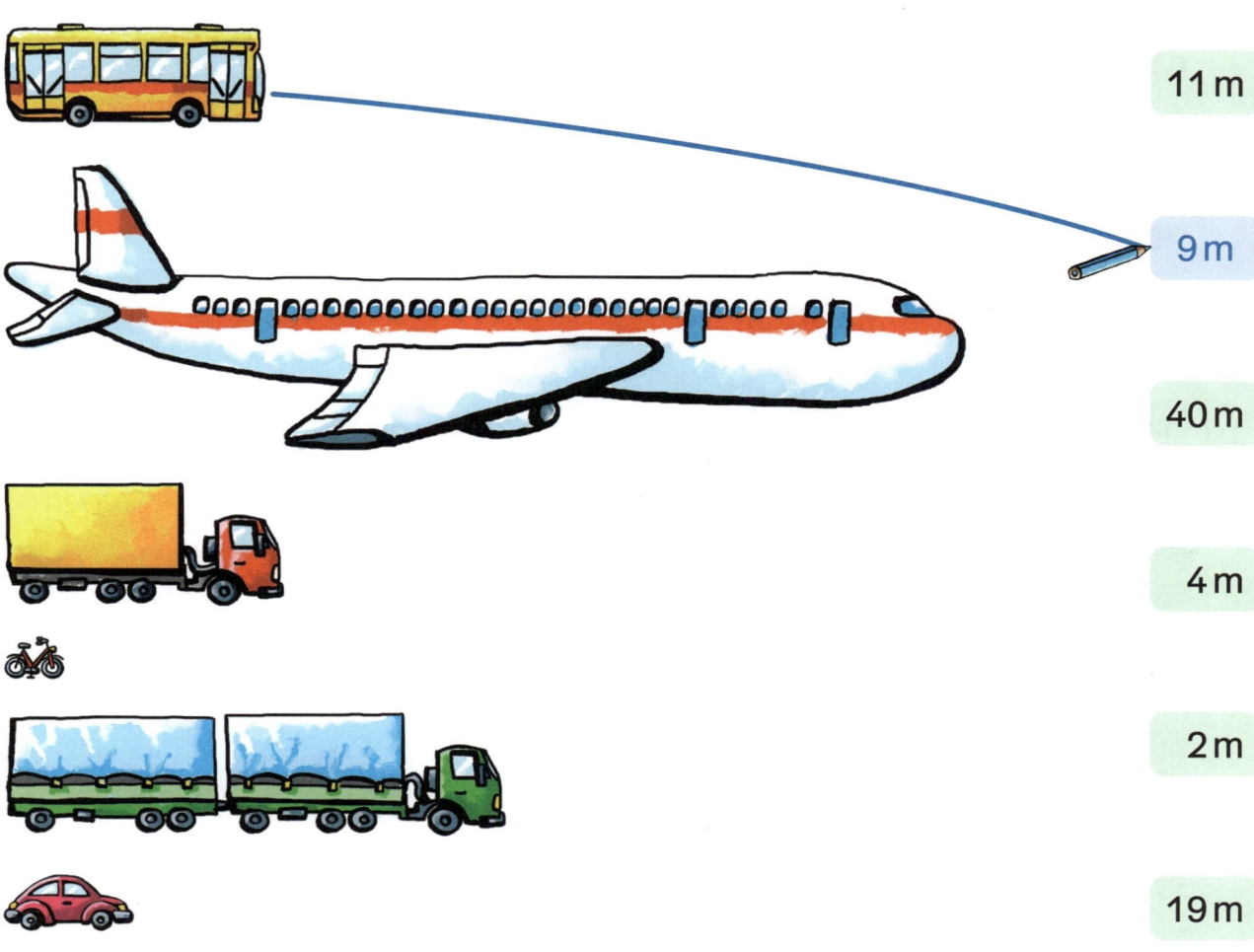

11 m

9 m

40 m

4 m

2 m

19 m

2 Zeichne die Pfeile passend ein.

a ist länger als →

b ist kürzer als →

3 Längen berechnen

1 Das Schwimmbecken ist 25 m lang und 12 m breit. Berechne, wie weit die Kinder geschwommen sind.

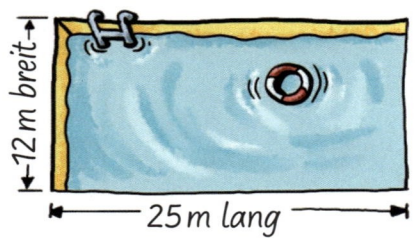

12 m breit
25 m lang

a] Tim schwimmt zweimal die lange Bahn.

R: 2 5 m + 2 5 m = 5 0 m

A: *Tim schwimmt 50 m.*

b] Paul schwimmt dreimal die kurze und einmal die lange Bahn.

R:

A:

c] Maja schwimmt eine Runde am Rand entlang.

R:

A:

d] Lea schwimmt 87 m. Überlege, wie sie geschwommen ist.

R:

A:

2 Finde eine weitere Rechengeschichte (G) und löse sie.

G:

R:

A:

1   Löse die Aufgaben. Überprüfe mit der Überschlagsrechnung,
ob dein Ergebnis stimmen kann.

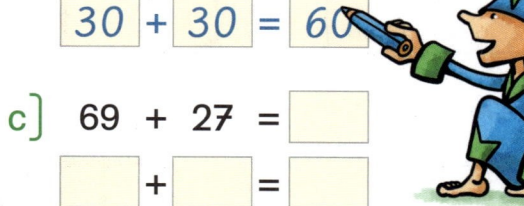

a) $27 + 34 = \boxed{61}$
$\boxed{30} + \boxed{30} = \boxed{60}$

b) $48 + 24 = \boxed{}$
$\boxed{} + \boxed{} = \boxed{}$

Ja, mein Ergebnis kann stimmen.

c) $69 + 27 = \boxed{}$
$\boxed{} + \boxed{} = \boxed{}$

d) $24 + 49 = \boxed{}$
$\boxed{} + \boxed{} = \boxed{}$

e) $76 - 28 = \boxed{}$
$\boxed{} - \boxed{} = \boxed{}$

f) $81 - 37 = \boxed{}$
$\boxed{} - \boxed{} = \boxed{}$

g) $93 - 29 = \boxed{}$
$\boxed{} - \boxed{} = \boxed{}$

2   Rechne die Überschlagsrechnung im Kopf.
Finde so schnell die falschen Ergebnisse. Streiche diese durch.
Tipp: In jedem Päckchen sind zwei Aufgaben falsch.

a) $23 + 49 = 72$
$34 + 58 = 82$
$37 + 54 = 91$
$48 + 33 = 71$

b) $53 + 38 = 91$
$37 + 44 = 81$
$68 + 24 = 82$
$49 + 32 = 91$

c) $72 - 24 = 48$
$85 - 56 = 39$
$67 - 28 = 39$
$93 - 49 = 54$

d) $92 - 48 = 34$
$53 - 34 = 19$
$81 - 53 = 28$
$62 - 39 = 33$

3   Löse die Aufgaben. Überprüfe die Ergebnisse genau.
Bilde dazu die Umkehraufgaben.

a) $35 + 17 = \boxed{52}$, denn $\underline{52 - 17 = 35}$

$28 + 34 = \boxed{}$, denn _____

$53 + 18 = \boxed{}$, denn _____

$68 + 25 = \boxed{}$, denn _____

b) $49 + 16 = \boxed{}$, denn _____

$38 + 45 = \boxed{}$, denn _____

$56 + 27 = \boxed{}$, denn _____

$25 + 29 = \boxed{}$, denn _____

c) $72 - 36 = \boxed{}$, denn _____

$51 - 17 = \boxed{}$, denn _____

$83 - 25 = \boxed{}$, denn _____

$94 - 28 = \boxed{}$, denn _____

d) $65 - 27 = \boxed{}$, denn _____

$42 - 18 = \boxed{}$, denn _____

$93 - 56 = \boxed{}$, denn _____

$71 - 32 = \boxed{}$, denn _____

1 Ergänze die Zahlenmauern.

a)

17 16 15

19 23 28

12 17 34

14 27 24

b)

91
37
23

100
48
19

95
47
36

86
35
23

2 Setze die vorgegebenen Zahlen als Grundsteine so ein,
dass der kleinstmögliche und der größtmögliche Zielstein entsteht.

a)

17 15 26

b)

18 15 17

c)

17 32 18

d)

13 25 27

3 Setze die Zahlen passend ein.
Es bleibt jeweils ein Stein übrig.

a)

42 27 93 36 15 51 28

b)

41 17 25 42 83 24 45

Plus- und Minusaufgaben mit zweistelligen Zahlen

1 Ordne den Rechengeschichten ⊕, ⊖, ⊙ oder ⊙ zu.
Finde passende Aufgaben.

a] Majas Vater kauft 6 Fahrkarten für das Riesenrad.
Jede Fahrkarte kostet 2 €.

 ⊙ $6 \cdot 2 € = 12 €$

b] Tims Vater kauft 12 Lose.
Er verteilt sie an die 4 Kinder.

c] Janek kauft Zuckerwatte für 2 €.
Er bezahlt mit einem 10-€-Schein.

d] Bei der Achterbahn gibt es 8 Wagen.
In jedem Wagen haben 6 Personen Platz.

e] Die Kinder dürfen beim Entenangeln 20 Enten
herausholen. 13 Enten haben sie schon geangelt.

f] Bei der Geisterbahn ist eine Schlange von
12 Personen. Die 4 Kinder stellen sich auch mit an.

g] Lena kauft eine Tüte mit 12 Zuckerstangen.
Sie verteilt sie an sich und die 3 anderen Kinder.

1 Bestimme, wie viel Geld die Kinder in ihren Sparschweinen haben.

a) Lea

_____ € _____ ct

b) Tim

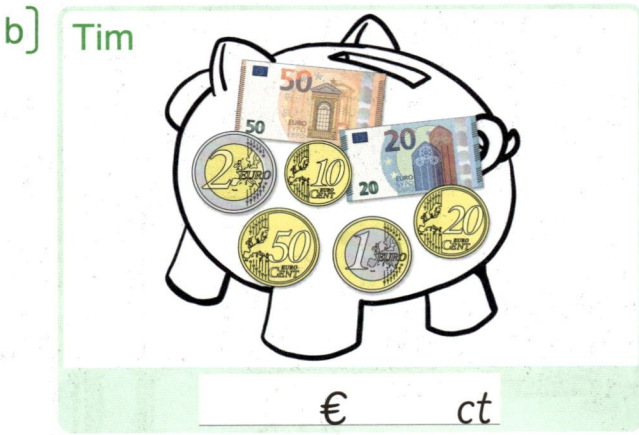

_____ € _____ ct

c) Ole

_____ € _____ ct

d) Meral

_____ € _____ ct

2 Ergänze die Sätze. Betrachte die Geldbeträge in Aufgabe ①.

Am meisten Geld hat _____. Am wenigsten Geld hat _____.

_____ hat 60 € 30 ct weniger als _____.

_____ hat 31 € 20 ct mehr als _____.

3 Ermittle in jeder Zeile den Gesamtbetrag.

Ich lege zuerst mit Rechengeld, dann ist es leichter.

50	20	10	5	2€	1€	50 ct	20 ct	10 ct	5 ct	Gesamtbetrag
1	–	1	2	–	–	–	–	–	–	70 €
–	3	2	–	–	–	–	–	–	–	
1	1	–	4	–	–	–	–	–	–	
–	2	1	2	3	1	2	1	1	–	
–	–	1	4	2	2	2	3	–	1	

1 | Zeichne passende Scheine und Münzen.

a]

20 €

46 € 25 ct

b]

32 € 70 ct

2 | Finde passende Scheine und Münzen.

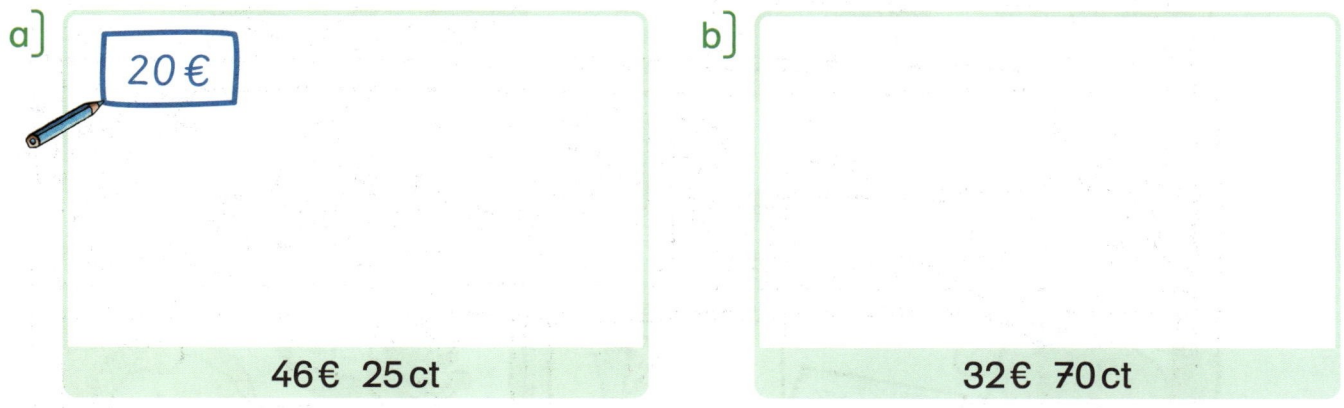

a]

54 € 30 ct

b]

63 € 25 ct

3 | Lege mit Rechengeld auf zwei verschiedene Arten, wie du die Kleidungsstücke bezahlen kannst. Trage deine gefundenen Möglichkeiten ein.

	50	20	10	5	2 €	1 €	50	20	10	5
Jeans 94,- €	1	2	–	–	1	2	–	–	–	–
Mütze 13 €										
T-Shirt 24,80 €										
Jacke 45,95 €										

1 Ergänze die Tabellen.

a)

Ich kaufe	Ich muss bezahlen
Dino und Puppe	39 Euro

b)

Ich möchte kaufen	Preis	Ich habe	Ich muss noch sparen
Teddy	15 Euro	14 Euro	1 Euro
Ritterburg		14 Euro	
Auto-Rennbahn		14 Euro	
Bagger		14 Euro	

c)

Ich kaufe	Preis	Ich gebe	Ich bekomme zurück
Spiele-Sammlung	26 Euro	50 Euro	24 Euro
Bausteine		50 Euro	
Dino		50 Euro	
Elefant		50 Euro	
Fußball		50 Euro	

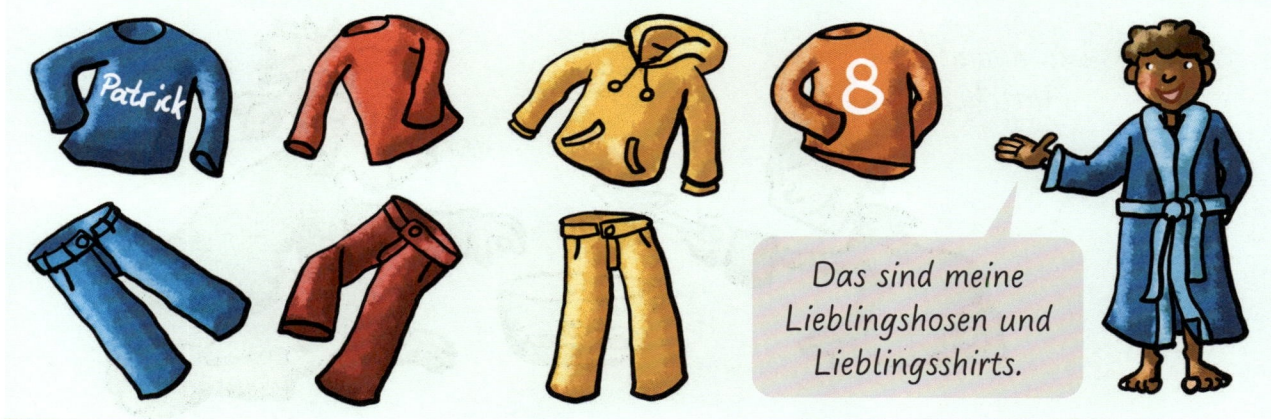

Das sind meine Lieblingshosen und Lieblingsshirts.

1 Finde alle Möglichkeiten, wie sich Patrick mit seinen Lieblingshosen und Lieblingsshirts anziehen kann.

a Zeichne alle Möglichkeiten auf.

b Trage alle Möglichkeiten in der Tabelle ein.

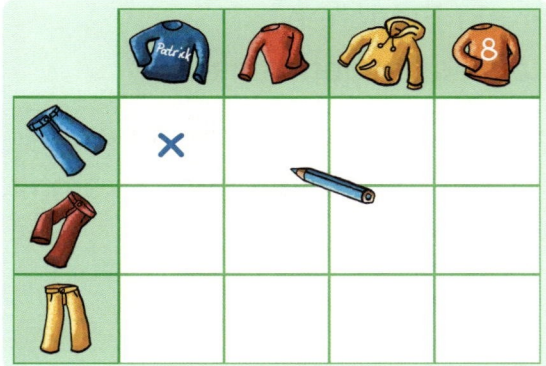

c Finde eine passende Rechnung und bestimme die Anzahl der Möglichkeiten.

R:

A: Patrick hat ☐ Möglichkeiten.

d Patrick möchte immer zwei verschiedene Farben tragen. Bestimme, wie viele Möglichkeiten er dann hat. Die Tabelle hilft dir.

Patrick hat _____

1 Lea nimmt mit verbundenen Augen drei Plättchen.

a Male, welche Farben die Plättchen haben können.

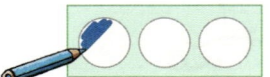      

b Kreuze an.

	sicher	möglich	unmöglich
Ein Plättchen ist rot, zwei sind blau.		✗	
Alle drei Plättchen sind rot.			
Ein Plättchen ist blau, zwei sind rot.			
Alle drei Plättchen sind blau.			
Mindestens ein Plättchen ist rot.			

2 Es sind fünf Plättchen. Lea nimmt immer ein Plättchen.
Male rote und blaue Plättchen so, dass die Aussagen stimmen.

a Es ist sicher, dass Lea
ein rotes Plättchen bekommt.

b Es ist möglich, dass Lea
ein rotes Plättchen bekommt.

c Es ist sicher, dass Lea
ein blaues Plättchen bekommt.

d Es ist unmöglich, dass Lea
ein blaues Plättchen bekommt.